PERO ¿QUÉ ME ESTÁS CONTANDO?

Tertulianos, políticos y pensamiento crítico

PERO ¿QUÉ ME ESTÁS CONTANDO? TERTULIANOS, POLÍTICOS Y PENSAMIENTO CRÍTICO

1ª Edición. Julio de 2015
Copyright de la obra: Julio César Herrero
ISBN-13: 978-1514853078
ISBN-10: 1514853078
Depósito legal
Diseño y maquetación: Emilio Vega

PERO ¿QUÉ ME ESTÁS CONTANDO?

Tertulianos, políticos y pensamiento crítico

Julio César Herrero

ÍNDICE

PRÓLOGO

La obra que tiene en sus manos es el resultado de la experiencia académica y profesional acumulada desde hace 20 años en el ámbito de la comunicación política, concretamente en las estrategias de argumentación y de debate. En lo académico, ése es mi área de trabajo y de interés. En lo profesional, mi actividad periodística dirigiendo y presentando programas fundamentalmente de radio aunque también de televisión (en menor medida); el trabajo como asesor de marketing político en relaciones con los medios y estrategias discursivas; y el desempeño en los últimos años de colaboraciones continuadas como contertulio (o tertuliano o como lo quiera llamar), me han permitido poner en práctica la teoría, confirmar o descartar diferentes formas de argumentar, comprobar su resultado, observar de cerca el uso de las evidencias, detectar la utilización masiva que se hace de las falacias y, lo que es más preocupante, corroborar que con más frecuencia de lo deseable se incurre en ellas sin conocimiento de causa (aunque en el caso de algunos políticos y periodistas es la manera natural de razonar).

Como académico, me preocupa – desde un punto de vista intelectual– que algunos muy influyentes profesionales de la información que intentan explicar por qué pasan las cosas parecen desconocer los principios básicos de la argumentación. Deben intentar arrojar luz sobre lo que ocurre y con frecuencia se quedan en la opinión gratuita; pero faltan razones. Exponen sus puntos de vista como si se tratara de argumentos de autoridad, sin reunir los criterios esenciales para que, efectivamente, lo sean. Al escribir pienso fundamentalmente en las tertulias de radio y de televisión. Afortunadamente, la mayoría de esos mismos que confunden opinión con argumentación (por tanto, con proposiciones debidamente respaldadas por evidencias, con garantías) cuando hacen análisis en los periódicos donde colaboran parecen cambiar de registro y asumir que hay determinadas afirmaciones que no se pueden dejar por escrito sin que estén sustentadas. Pero desafortunadamente, son más las personas que ven las tertulias de televisión que las que leen los periódicos. No hay, en todo caso, en esta obra un cuestionamiento íntegro de la profesión.

Como asesor político en estrategias de argumentación (y también como académico), me preocupa el escaso nivel en el discurso público por las consecuencias que ello tiene en la configuración de una opinión pública responsable. La normalización en el uso de argumentarios (conjunto de argumentos diseñado para la defensa o el ataque de una postura determinada) por parte de los políticos reduce considerablemente la necesidad de debates abiertos y razonables; convierte con frecuencia las tertulias en las que participan en un mini Congreso o mini Senado; hace que prevalezcan posturas extremas, simplificadas, que no contribuyen al análisis sino a la toma de postura: a favor o en contra. Si a ello le unimos una manifiestamente mejorable capacidad retórica, el resultado es inquietante. No hay, en todo caso, en esta obra un cuestionamiento íntegro de los políticos.

Como periodista y analista político, me preocupa la audiencia, quienes siguen las tertulias, extraordinarias generadoras de opinión. Me preocupan las adhesiones inquebrantables, las felicitaciones o 'condenas' que parecen proceder de un jurado que decide quién gana y quién pierde, quién da un repaso y quién es vapuleado frente a millones de telespectadores. Porque esto nada tiene que ver con la argumentación sensata, razonable, equilibrada. Porque esto tiene que ver más con un espectáculo que utiliza la política como podría utilizar cualquier otra cosa.

El insulto, la insinuación, la descalificación, la generalización, la ridiculización, el lenguaje políticamente correcto, el "y tú más" (o el "pues anda que tú"), la saturación emocional frente al equilibrio racional, el "mi opinión vale lo mismo que la tuya" o "todas las opiniones son respetables", la elusión de la cuestión porque no se sabe responder o porque interesa hablar de otra cosa: pero se responde y da la sensación de que tiene algo que decir aunque nada tenga que ver con lo que se aborda.

A pesar de llevar varios años intentando encontrar tiempo para escribir algo así, reconozco que fueron dos hechos que viví (alguno diría "de los que fui testigo presencial", como si se pudiera ser testigo y no estar presente) como 'analista' (entrecomillo deliberadamente el término porque me resulta excesivo) los que me animaron a escribir este libro: uno, en diciembre de 2014; otro, en enero de 2015. El primero fue la entrevista que el secretario general de Podemos, Pablo Iglesias, concedió al programa *La Noche en 24 horas* de Televisión Española. El otro, los atentados perpetrados por dos terroristas islamistas en París.

La entrevista, extraordinariamente incómoda, tensa, de más de un hora, quedó reducida esa misma noche y en los días siguientes a una sola pregunta: "En internet hay vídeos, del pasado lejano muchos, muchísimos, y hay uno en el que hemos visto a Pablo Iglesias defender la salida de los presos de ETA de las cárceles. Esta semana está usted de enhorabuena entonces…" El resto, pareció no existir. Incluso, para no pocos periodistas, la pregunta tampoco: había sido una afirmación "insidiosa", a pesar de que era un argumento causal de libro.

En la mayoría de las crónicas que leí y en los debates que vi en donde se abordó esta entrevista, la cuestión era, curiosamente, el papel del presentador, de la televisión pública... Pero de la entrevista, ni una palabra. La mayor parte de 'análisis' realizados sobre el programa se limitaba a querer demostrar quién había vapuleado a quién, quién había ganado... Era una entrevista, no un debate, pero pareció importar poco. Muchos confundieron (quizá sin premeditación) contestar rápido y fluido con contestar a lo que se preguntaba. Invito al lector a volver a verla, con tranquilidad, y a sacar conclusiones, después de haber leído el libro.

Respecto a los atentados ocurridos en París, el debate que se generó fue, en demasiadas ocasiones, una orgía de prejuicios, de falacias causales (argumentos que presentan una relación causa efecto sin demostrar), de pistas falsas, de falsas analogías, de falsas dicotomías, de falsos dilemas...

Esos dos acontecimientos se produjeron en medio de un clima de tensión y de cambios políticos en España que han marcado una actualidad muy dura, con temas nada fáciles de abordar, con cuestiones poliédricas que condicionan y determinan no sólo el día a día del país sino también su futuro: fin del bipartidismo, varios procesos legislativos en un mismo año (algunos que tocaban; otros que, probablemente, no), continuados escándalos de corrupción, renuncia en la Corona, sucesión...

La duda sobre hasta qué punto habrá calado todo eso en la opinión pública justifica, en cierto modo, este texto. No se trata de una obra académica repleta de notas a pie de página: para eso hay otros foros. He pretendido que todo sea sobradamente sencillo como para ser comprensible, pero suficientemente completo como para tener una visión global de lo que implica el pensamiento crítico. Deliberadamente he omitido algunas clasificaciones complejas y alguna terminología que pudiera resultar extraña a quien no es especialista. El texto está pensado para un público amplio, curioso, consumidor de tertulias políticas, seguidor de distintos medios de comunicación e interesado en la política. Si se anima a consultar alguno de los textos de la bibliografía (que también son una selección: es muy extensa, sobre todo en inglés) se dará cuenta de que incluso hay algunos aspectos que son abordados de distinta manera dependiendo del autor. Es un intento de síntesis sobre cuestiones fundamentales que han sido tratadas, sobre todo y, lamentablemente casi en exclusiva, por autores norteamericanos.

Éste no es un texto sobre discurso político. No encontrará referencias a la teoría del marco, a la redacción de discursos, al diseño de temas… Tiene más que ver con la rRetórica (concretamente, con la *dispositio*), adaptada a los medios audiovisuales. Es sobre argumentación política y, sobre todo, sobre pensamiento crítico.

[14]

Sólo se pretende (¿sólo?) provocar, generar dudas; invitar a cuestionar lo que se ve, lo se oye; facilitar algunas pautas para poder hacerlo: contribuir, en la medida que lo puede hacer un libro como éste, a favorecer el pensamiento crítico. Aquí está parte del resultado de varios años de trabajo, de centenares de lecturas, de experiencias...

A pesar de que los capítulos están dispuestos de forma continuada, la obra se compone de varias partes.

La primera aborda algunos asuntos de carácter general que ubican el tema fundamental del libro. Son los cinco primeros capítulos: en el primero se expone qué se entiende por pensamiento crítico, la necesidad de cultivarlo, las consecuencias de hacerlo y los inconvenientes de ignorarlo.

En el segundo capítulo se trata la opinión y el punto de vista. Demasiado habituados a escuchar "bueno, ésa es mi opinión" como si se tratara de la gran coartada para aventurar cualquier insensatez o inconveniencia, como si tan sólo por refugiarse en esa excusa, quien habla estuviera eximido de presentar evidencias o, incluso peor, pretendiera evitar las críticas porque es su opinión y no hay nada más que decir.

La diferencia entre argumentar y persuadir ocupa el tercer capítulo. Pretende establecer una distinción básica y a menudo o desconocida o ignorada: a saber, que lo uno y lo otro no son lo mismo.

Hay algunas cuestiones sobre las que no es posible argumentar. Aquellas en las que el pensamiento crítico tiene poco que aportar. Por eso es necesario saber dónde se mete uno al esgrimir argumentos. Respecto a algunos temas, tiene poco sentido salvo que sea un hablar por no callar o como entretenimiento retórico. Sobre eso versa el cuarto capítulo. El quinto guarda relación con la ética o la responsabilidad en el ejercicio de la argumentación y del pensamiento crítico. Porque no todo vale para justificar una proposición.

La segunda parte, quizá algo más académica pero igualmente accesible, se inicia con la explicación de qué es un argumento y cómo se compone. Es el capítulo sexto.

A continuación, en el séptimo, se abordan los tres tipos de cuestiones de las que normalmente se habla o sobre las que habitualmente se discute.

El capítulo octavo se centra en las evidencias, en las pruebas. Es lo más importante de un argumento: ¿cómo justificar lo que se dice?

Una vez que se tiene claro qué es un argumento y cómo se estructura es momento de explicar, con brevedad, las dos formas de razonar: el razonamiento inductivo y el deductivo. A eso se dedica el capítulo nueve.

El décimo aborda los cuatro tipos de argumentos más habituales.

La tercera parte está centrada exclusivamente en las falacias –capítulo 11– en las debilidades de los argumentos. ¿Por qué fallan? Ahí se explica. He incluido sólo aquellas que suelen ser más utilizadas en el análisis político, en las declaraciones de los propios políticos, entre los contertulios que participan en los programas. No están todas. De hecho, se pueden identificar casi 300 tipos de falacias. Algunas, incluso con su propia denominación, resultan absurdas y parecen responder más a querer ver donde no hay o a llegar a un grado de precisión irrelevante en la determinación del punto débil del argumento.

El capítulo 12, sobre la refutación de un argumento – normalmente por haber incurrido en alguna falacia–, cierra esta tercera parte.

La cuarta y última parte la componen los tres últimos capítulos.

En el 13 se explica cómo se debe abordar una cuestión que va a ser analizada o debatida. Se ofrecen algunas pautas para poder 'hincar el diente' a los temas y que, a partir de ahí, puedan estructurarse los argumentos y la intervención.

El 14 se centra en algunas técnicas que se pueden utilizar en los debates (de cualquier tipo), encaminadas más a que nuestros argumentos parezcan más contundentes que a conocer la cuestión sobre la que se discute; más buscando la persuasión y que se imponga un punto de vista.

Y el último se dedica a los debates políticos, principalmente electorales. Se trata de intervenciones que, por definición, son contrarias a la esencia del pensamiento crítico. Es bueno conocer por qué, cuáles son así como las pautas que la audiencia (crítica) debe considerar.

1. ¿Y SI TE LA ESTÁN COLANDO?

"Ésa es una manifestación política". Quizá haya escuchado esta frase en numerosas ocasiones en los últimos años en boca de algunos políticos o líderes de opinión. Quizá la haya escuchado con la clara intención de desacreditar a quien la promueve o a quien la secunde. Ahora piense en ella un instante. Se dará cuenta de que ha podido ser pronunciada sólo por tres tipos de personas: o por quienes creen que la política es algo despreciable – de forma que la calificación de 'político' sirve para desacreditar–; o por quienes desconocen que nada hay más político que una manifestación toda vez que, según el Diccionario de la Real Academia Española en su novena acepción (más completa que las anteriores), política es la "actividad del ciudadano cuando interviene en los asuntos públicos con su opinión, con su voto, o de cualquier otro modo"; o por quienes confunden 'político' con 'partidista'.

Si antes de manifestar su acuerdo o desacuerdo con la frase que abre este capítulo se toma unos minutos para reflexionar y comprobar que la afirmación puede ser abordada desde diferentes puntos de vista, ya habrá empezado a ejercitar el pensamiento crítico.

Veamos otro ejemplo. ¿Cree que se debería legalizar el consumo de marihuana? Puede responder lo primero que le parezca: sí o no. Pero, probablemente (salvo que se trate de una encuesta), deberá razonarlo. Para justificar su punto de vista, puede comenzar a esgrimir las razones que se le pasen por la cabeza: sin prioridades, sin jerarquías... Puede que dé antes los argumentos secundarios que deben depender de unos primarios, y que quizá no haya expuesto. Puede que mezcle razones de carácter moral o práctico con otras objetivas; incluso algunas de ellas con base científica. Puede que responda sin plantearse que 'legalizar' no es lo mismo que 'despenalizar'.

Si su respuesta es afirmativa, puede que recurra al tópico de que en Holanda es legal (como si la experiencia mundial se agote en ese país); de que en algunos hospitales se utiliza para calmar el dolor en pacientes con determinadas patologías (como si eso tuviera algo que ver con la pregunta planteada); de que cada uno es libre de consumir lo que quiera o de que así el Estado podría ingresar más impuestos (sin reparar en que esta premisa del más clásico liberalismo –a pesar de que pudiera parecer muy progresista– conlleva algunas objeciones, por ejemplo de corte moral).

Si su respuesta es negativa, puede igualmente recurrir al tópico de que si se legaliza la marihuana acabará legalizándose el *crack* (sin advertir que esto es una falacia: concretamente, 'de la cuesta resbaladiza'); o que el Estado no puede legalizar el consumo de drogas (ignorando quizá que el tabaco y el alcohol también lo son, o pasando por alto que es precisamente el Estado el que tiene esa potestad); o que no sancionar el consumo de drogas es poner a la juventud en riesgo, sin percatarse de que la legalización no implica la ausencia de requisitos legales para el consumo, como ocurre con el tabaco o el alcohol, o que la falta de sanción suponga necesariamente que los jóvenes vayan a habituarse al consumo.

Estas consideraciones forman parte, como en el primer ejemplo –aunque sin pretensión de exhaustividad– del pensamiento crítico. Y en este caso, en una etapa más avanzada. La más incipiente implicaría la reflexión sobre lo expuesto pero en forma de preguntas: ¿Qué significa 'legalizar'? ¿Cuáles son las consecuencias? ¿Hay algún antecedente? Si lo hay, ¿sería equiparable a la situación en otro país? ¿Qué efectos ha tenido cuando se tomó la decisión? ¿Qué opinan los juristas? ¿Y los médicos? ¿Es la marihuana equiparable a otras drogas? ¿Qué pretende el Estado al legalizar su consumo? ¿Existen riesgos? ¿Cuáles? ¿Hay relación entre el mayor o menor acceso a este tipo de droga y el aumento o no en los índices de consumo? ¿Se ha reducido la actividad de los contrabandistas y las mafias en los países en los que se ha legalizado?

Más adelante me detendré en la importancia de las preguntas. Probablemente mayor que la que puedan ofrecer las respuestas; sobre todo, porque es una condición previa: resulta muy complicado obtener respuestas interesantes cuando las preguntas no lo son.

En una sociedad en la que los medios de comunicación lo ocupan prácticamente todo, en la que la información es fácilmente accesible, en cantidades industriales; en una sociedad con cada vez más nativos digitales y en la que, quienes no lo son, han convivido toda su vida con la televisión; y en una sociedad en la que el sistema educativo parece haber vivido de espaldas a lo expuesto, el desarrollo de las habilidades encaminadas a dotar de un pensamiento crítico resulta una tarea indispensable.

Si hasta el último cuarto del siglo pasado uno de los principales inconvenientes para el conocimiento era la falta de información, o la dificultad para acceder a ella, desde entonces el problema radica en saber discriminar ingentes cantidades de información; saber separar lo que merece la pena de lo que no; saber cómo navegar en el océano de datos que recibimos cada día. Quizá como consecuencia de ello, parece instalarse en la sociedad la sensación de que conocer consiste básicamente en disponer de datos, pero sin saber de qué manera evaluarlos: sin tener claro cómo 'jugar' con ellos. Se produce entonces el espejismo de que el volumen de datos disponibles satisface las necesidades de conocimiento, como si una y otra cosa fueran lo mismo o, al menos, equiparables. Pero al mismo tiempo, se da la paradoja de no saber qué hacer con tanta información: de no tener claro cómo se jerarquiza, cuál es solvente y cuál superflua, cuál está bien argumentada y cuál sólo en apariencia.

Al menos en el caso español, las parrillas de televisión están repletas de tertulias políticas (también de otro tipo de contenidos pero sin mayor pretensión que el entretenimiento). Este formato, muy simple y rentable para las cadenas, satisface en cierta medida la necesidad de la audiencia de estar informada. Un deseo aparentemente notable, a juzgar por la proliferación de estos programas en las diferentes franjas horarias. Se trata de programas que duran entre dos y cinco horas. ¿Es posible suponer que un televidente medio no acabaría exhausto tras una exposición a tantos minutos de argumentación solvente, en caso de que se produjera? Se podrá pensar que un programa de televisión no es el mejor medio para la exposición de razonamientos sólidos. Falso. Es posible y, en programas con esa duración, con mayor motivo. Pero no ocurre: al menos, no es lo habitual. A pesar de que los temas planteados suelen ser, en su mayoría, serios o duros, el ritmo de los programas se adapta mejor a la frase afortunada,

con apariencia solvente e incisiva que al argumento sólido, debidamente razonado. ¿Es el televidente medio
capaz de detectarlo? Lo expuesto sobre la televisión es
igualmente válido para la radio. También para la prensa,
aunque en menor grado. La comunicación escrita es
más reflexiva que la oral.

Los medios de comunicación imponen un ritmo informativo a menudo incompatible con la solvencia argumental. La actualidad debe ser 'analizada' en caliente,
sobre la marcha, según se produce: luego ya no vale la
pena, es vieja: está muerta. Pero abordar los temas
desde el pensamiento crítico exige tiempo: exactamente de lo que carecen los medios, que por otra parte
son la principal fuente de información del ciudadano
medio, aunque no la única. Por esa razón, los temas se
solventan con opiniones rápidas, gratuitas, y no todas
son respetables, extremo sobre el que reflexionaremos
más adelante.

El pensamiento crítico consiste, en esencia, en pensar
sobre cómo pensamos y sobre cómo piensan otros. En
este caso, respecto a cuestiones de carácter político. El
pensamiento crítico busca ofrecer u obtener evidencias
razonables, suficientes y aceptables para creer o hacer
algo. Y eso implica un razonamiento sobre cuáles son los
hechos, sobre todo cuando tomamos decisiones sobre
qué creer. La principal característica del pensamiento crítico es que es un pensamiento razonable y reflexivo. Es

decir, conforme a la razón. Exige que demos razones para justificar lo que pensemos, creamos o hagamos.

La vida es elección. Para decidir bien es preciso tener criterios sólidos, bien fundados. Recibimos 'presiones' constantes para pensar de una manera o de otra; para tomar una u otra decisión; para votar por uno u otro partido. Hay una 'lucha' constante por tener razón (la más beligerante es la que se produce cuando quien lo pretende reconoce exactamente lo contrario: es decir, que no busca convencer). Para pedir, convencer, persuadir… Hay argumentos por todas partes. Un bombardeo constante de juicios, afirmaciones, propuestas, pseudoanálisis… No sólo en la vida privada. En este aspecto, los medios de comunicación tienen mucho que decir. De hecho, a veces dicen demasiado.

> *A mí no me influyen los medios ni los periodistas; yo tengo mi propia opinión.*

Pues enhorabuena, pero quizá eso sea lo que usted cree. Quizá no le influye el medio en su conjunto porque ya conoce su tendencia, sus intereses, su línea ideológica. O la empresarial, que en realidad es la que más influye. Pero quizá le afectan los comentarios de los colaboradores del medio, sobre los que pueda tener menos reservas.

A lo largo del día escuchamos afirmaciones, declaraciones, sentencias, excusas, promesas, juicios, discursos…

que no cuestionamos. Solo cuando queremos debatir, cuando nos resultan extraños, cuando no los compartimos y creemos que debemos hacer ver nuestro punto de vista por alguna determinada razón, entonces pensamos sobre ellos. Buscamos conocer si son verdaderos o falsos; si están argumentados o no. Aunque a lo largo de la obra se establecerán las pautas para desarrollar un pensamiento crítico y elaborar argumentos solventes, dejemos asentadas ya cinco preguntas que conviene hacerse al escuchar una aseveración para valorar si es o no es pertinente.

1. ¿Qué se afirma exactamente?

Dicho de otro modo, ¿de qué estamos hablando? Esta pregunta es pertinente también cuando se aborda un debate. Se pretende acotar los términos de lo que está en liza y determinar con exactitud el objeto que se cuestiona. Si el presidente del Gobierno asegura que "España no necesita ser rescatada", ¿qué significa exactamente un rescate en términos económicos? ¿Es lo mismo un rescate que una intervención? ¿Y que una ayuda? ¿La afirmación se refiere a una decisión que puedan adoptar terceros o a una iniciativa que, llegado el caso, debería emprender su gobierno? ¿Que no lo necesite significa que no deba ser rescatada?

2. ¿Se aportan evidencias para sostener esa afirmación?

Supongamos que el presidente mantiene esa aseveración sobre la premisa de que "España es un gran país con capacidad para salir por sí mismo de situaciones complejas".

Es una declaración de intenciones ambigua que no considera el contexto específico y que no pone en relación la situación actual con otras idénticas o muy parecidas que permitan llegar a esa conclusión. No hay ni un solo dato en las evidencias que permitan sostener la proposición.

3. ¿Son aceptables?

La aceptabilidad de las pruebas o evidencias guardan relación con la fuente de la que proceden y se refiere a la verosimilitud de la misma. Un testimonio de autoridad, un testigo, una encuesta deben ser fiables. Y lo son si cumplen una serie de características que se explican más adelante.

4. ¿Son relevantes esas evidencias?

Imaginemos, en todo caso, que España haya padecido graves problemas económicos hace 100 años y hubiera conseguido sobreponerse y que ése sea el referente que el presidente tenía en su cabeza para sostener su proposición. Estamos entonces ante una evidencia irrelevante porque el hecho de que España hubiera conseguido sobreponerse en otras circunstancias no garantiza que lo pueda hacer en éstas, fundamentalmente porque los contextos no son equiparables y el marco internacional en el que se mueve y del que depende no es el mismo.

5. ¿Son suficientes?

Si sólo se aporta la premisa anteriormente referida, es evidente que no. Cuestión distinta sería si se hubieran aportado ejemplos de diferentes circunstancias a lo largo de la historia reciente del país en las que, incluso en contextos distintos, España hubiera sido capaz de salir de un escenario de crisis. De esa manera, se avalaría que lo menos relevante es la situación del país en el mundo, que esté o no en la Unión Europea, que pueda o no devaluar su moneda… y quedaría justificada que es la grandeza y su propio impulso los que siempre han permitido a España salir airosa en los momentos más difíciles.

Esta es una forma muy sencilla de abordar el pensamiento crítico. Y, sin embargo, es fácil tener la sensación de que no se aplica. No es más que otra evidencia del fracaso del sistema educativo: sobre todo, el secundario y el universitario. A pensar y a ser crítico se aprende. Hay técnicas, pautas, criterios, patrones que se pueden aplicar para desarrollarlo, para adquirir las competencias específicas. Da la sensación dc que después de aprender mucho sobre muchas cosas, la capacidad crítica, la habilidad para cuestionar, llega sola. No es cierto. Y en esto fracasa constantemente nuestro sistema porque presupone algo que el alumno adquiere de no se sabe qué forma sin reparar ex profeso en ello. Ahí está el principal error. A diferencia de otros modelos educativos, como el americano o el francés, en donde el pensamiento crítico como las habilidades para hablar en público son asignaturas presentes en buena parte de las carreras (sin importar si están vinculadas al ámbito de la comunicación, la medicina, el derecho o la ingeniería), en España se encuentran con muchísima dificultad. Pareciera que no es necesario. Que uno maneja bien la retórica y las claves del pensamiento crítico por naturaleza. Terrible error. No hemos aprendido nada ni tan siquiera de nuestros referentes clásicos. Lo que hace que el error sea por partida doble.

Se han ido orillando hasta marginar la enseñanza de las lenguas clásicas, de la retórica y la oratoria. Y mientras hemos perpetrado semejante barbaridad contra las generaciones más jóvenes, hemos ido incorporando otra serie de conocimientos más 'prácticos'. Quienes han tomado estas decisiones no hacen más que constatar que no han entendido nada. ¿Hay algo más práctico que saber expresarse en público, estructurar las ideas, razonar, ser convincente…? Pues eso está en los clásicos. ¿Hay algún fin más noble en la enseñanza que ayudar a desarrollar la capacidad crítica para que los alumnos sean independientes? Si no es el único es probablemente el camino más directo para sentirse libre.

2. TODAS LAS OPINIONES NO SON RESPETABLES

Todas las cuestiones admiten dos puntos de vista. Pueden ser abordadas desde al menos dos perspectivas distintas. Y eso no significa que una de ellas deba ser necesariamente falsa, que sea incompatible con la verdad, que incurra en el error. Dos puntos de vista distintos sobre un tema es lo que facilita y justifica la argumentación para dilucidar quién tiene más razón, no necesariamente 'la' razón. Se trata de un punto fundamental al abordar adecuadamente una argumentación de cuestiones políticas. Ignorarlo da al traste con el proceso; lo convierte en absurdo. Pero que sea así en temas políticos no implica, entonces, que lo sea en otro tipo de cuestiones. Por ejemplo, en las de hechos. Cuando argumentamos si algo es o no es, asumimos que existen dos posturas. Pero la posibilidad de que una lo sea y otra no es más clara que cuando argumentamos sobre si algo debería ser de una forma o de otra o sobre si está bien o no.

Cualquier Constitución de un país democrático reconoce y protege el derecho a expresarse libremente. Ese derecho incluye también las manifestaciones de las opiniones, del tipo que sean, y establece como límites la protección del honor, la intimidad, la propia imagen. Todas las opiniones son, en principio, admisibles, siempre y cuando no atenten contra lo manifestado anteriormente. Las injurias y las calumnias son los dos delitos vinculados a la opinión que violentan las tres protecciones. Pero éste es el plano jurídico y en esta obra nos centramos en la esfera argumental. Es decir, las opiniones pueden ser admisibles desde la perspectiva legal pero inadmisibles en el plano argumental.

Quizá al amparo de una defensa necesaria del derecho a expresarse libremente se ha extendido la creencia de que todas las opiniones son respetables y argumentadas, cuando en realidad – siempre y cuando no se incurra en un delito de injurias o de calumnias– no son más que legales. Para que una opinión sea respetable debe amoldarse a los principios éticos comúnmente aceptados. Se puede mantener legalmente que los homosexuales son 'enfermos' a pesar de que semejante opinión es de todo punto impresentable y debe ser combatida. Las opiniones que se rechazan porque atentan contra principios fundamentales, no son, por definición, respetables, por el mero hecho de que si lo fueran no se combatirían con toda la contundencia que puede aportar la razón.

La mayor parte de las opiniones que se escuchan con asiduidad son legales y respetables pero no están argumentadas. Es decir, no siguen los parámetros establecidos que permiten sostenerlas y respaldarlas lógicamente, bien porque están mal construidas o porque incurren en falacias.

¿Todas las opiniones valen lo mismo? Definitivamente, no. Como consecuencia de una injustificada pero políticamente muy correcta creencia de que todas las opiniones son respetables se asume, casi como por lógica, que todas valen lo mismo. A menudo se cree, quizá por desconocimiento, que es lo mismo una opinión basada en hechos que una fundamentada en pareceres. La primera está justificada, se sostiene y aporta pruebas; la segunda es, digámoslo así, un hablar por no callar. Existe una notable diferencia entre afirmar que una película es buena porque tiene una producción cuidada, una acertada selección de actores, una dirección de fotografía impecable, una buena banda sonora que acompaña al guión, que además está muy bien resuelto… y afirmar que es buena porque me gusta.

La validez guarda relación con las evidencias que se aporten –que también deberán ser, así mismo, validas, como veremos–; con el grado de respaldo que tenga la conclusión a partir de los datos que se ofrecen. Afirmar que algo es bueno porque me gusta supone una trampa extraordinaria en el pensamiento crítico. Lo buena o mala que sea una película (para seguir con el mismo ejemplo) es evaluable con parámetros objetivos. Será buena si el balance global lo es. Que la valoración global de una película sea positiva no implica sin embargo que todos los elementos que la componen lo sea. Piense en los premios Oscar y en la cantidad de categorías existentes. ¿Puede una película recibir el Oscar a la mejor película y no a la mejor banda sonora? Perfectamente. ¿Puede una película ser galardonada con mejor producción, actor principal, fotografía, efectos especiales y no recibir el premio a la mejor película? Pues también. Por tanto, la valoración debe sostenerse en criterios objetivos toda vez que estamos abordando una cuestión que lo es.

Pero la verdadera trampa de la afirmación "es buena porque me gusta", sin más evidencias que lo demuestren, radica en que la supuesta bondad de la película se refugia en el gusto y que, como veremos más adelante, junto a cuestiones científicas y de fe, son los tres ámbitos en los que el pensamiento crítico poco puede hacer. Esos son tres tipos de asuntos en las que de poco valen los argumentos.

Observará que si se hubiera afirmado "Me gusta porque es buena" en lugar de "Es buena porque me gusta", la reflexión habría cambiado. Por otra parte, afirmar que algo es bueno simplemente porque le gusta a quien lo mantiene requiere quizá una valoración para la que un psicólogo tiene más argumentos que yo.

3. ARGUMENTAR NO ES PERSUADIR

La argumentación es un esfuerzo por sustentar lo que se defiende; por respaldar con evidencias una declaración o proposición. Para ello se apela a la lógica, pero no a la matemática. La argumentación tiene poco que ver con planteamientos del estilo 'Si todo A implica B y todo B implica C entonces todo A implica C'. Al argumentar en las discusiones, en las polémicas, en las negociaciones, nos centramos en el contenido. Esta circunstancia convierte en inválidas algunas fórmulas que, sin embargo, lo son en lógica formal.

Cualquiera sea x, si x es F entonces x es G

A diferencia de la lógica formal, la argumentación a la que se refiere esta obra versa sobre ideas, palabras, conceptos. Se centra en el contenido por lo que, aunque formalmente la estructura siga en algunos casos las formulaciones de la lógica matemática, las premisas pueden no sostener o validar la conclusión. Fíjese:

En todas las democracias los tres poderes son independientes.
Venezuela es una democracia.
Por tanto, en Venezuela los tres poderes son independientes.

Quizá se pueda alegar que la premisa menor (Venezuela es una democracia) es discutible. Razones no faltan. Pero en principio no es un país que figure entre las dictaduras.

Existe una diferencia, a menudo no advertida, entre argumentación y seducción. La primera apela a la lógica, a la solvencia argumental en términos de lógica, aunque no necesariamente formal. Sin embargo, la seducción está más vinculada a la elocuencia. Es decir, una opinión o un punto de vista no se convierten en argumento simplemente por el hecho de que sea presentado de forma atractiva. La argumentación repara en otros factores que trascienden la apariencia, la forma externa de presentación de las ideas. La argumentación va al fondo de las cuestiones. El pensador crítico no se deja impresionar por efectismos porque es capaz de dilucidar si se sostienen o no los puntos de vista, si están bien razonados, si están exentos de falacias, si las evidencias son suficientes y representativas... o si, por el contrario, todo lo que escucha no es más que palabrería expuesta de forma aparentemente convincente y presentada de forma ágil para trasladar la sensación de que se tiene claro lo que se quiere sostener. Por ejemplo: cuando se afirma que "el pueblo está cansado de la corrupción y las instituciones cada vez más desprestigiadas. Por tanto, es necesario recuperar la democracia", la sola exposición del punto de vista puede sonar redonda, sin fisuras. Sin embargo, esa sóla sentencia incluye una mentira en toda regla que la hace perfectamente inválida. Mantener que es necesario "recuperar" la democracia implica asumir que se ha perdido, toda vez que no es posible recuperar algo que se tiene. Si el ejemplo está referido a un país como España, donde no parece haber ninguna duda de que el sistema por el que se rige es el democrático (no sólo por la más solvente literatura política, sino por la constatación de entidades no gubernamentales que estudian los fenómenos de corrupción y la calidad democrática de los países, como Transparencia Internacional), entonces estamos ante una mentira que dibuja una situación que no es real. Por tanto, se están proponiendo soluciones para problemas que no existen, al menos así planteados. Se podría decir que no es una democracia perfecta, que tiene fallas, que es débil, que está condicionada, en peligro incluso. Y es cierto y quizá sea a eso a lo que se refiera quien pronuncie la frase anterior. Pero si es así, implicaría dar por sentado que la democracia existe y que por tanto no es necesario recuperarla. Habrá que perfeccionarla, fortalecerla, protegerla… Pero si eso es posible es porque se tiene; no porque se haya perdido.

Por otra parte, referirse al 'pueblo' sin más es, en el mejor de los casos, una suposición; y en el peor, una generalización exagerada. La ausencia de datos que respalden qué se entiende por 'pueblo debilita la credibilidad de la evidencia, además de que la constatación del 'cansancio' debe ser necesariamente respaldada con datos que soporten ese extremo.

Argumentar tampoco es persuadir. La persuasión es un proceso, fundamentalmente, unidireccional. Es uno de los interlocutores quien intenta convencer a otro o a otros. Sin embargo, la argumentación es un proceso conjunto, colectivo, cooperativo. En la persuasión se busca el convencimiento; en la argumentación, comprobar si la proposición es verdad, entendida como libre de error. Es probable que, como consecuencia, una de las partes se convenza de algo, aunque ése no es el fin principal. Es decir, en la argumentación, las partes que intervienen en el proceso 'trabajan' de forma conjunta en dar razones sobre lo discutido o de la propuesta, estando dispuestas a modificar su punto de vista conforme se va demostrando que las premisas utilizadas no sirven para sostener la conclusión. La pensamiento crítico no se presenta en términos de ganador y vencedor.

La persuasión busca la influencia, independientemente de que las razones esgrimidas sean procedentes o no. Lo serán sólo en la medida en que consigan convencer, independientemente de que lo sean en sentido estricto y con parámetros de la lógica argumental. Por el contrario, la argumentación se centra en aportar lo que debería ser una buena razón para creer o no algo y renuncia a utilizar premisas que no reúnan las características exigibles.

Finalmente, si volvemos la vista a la retórica aristotélica, la persuasión está relacionada principalmente, aunque no exclusivamente, con el *ethos* y el *pathos*; mientras que la argumentación está vinculada al *logos*. En la persuasión influyen fundamentalmente la persona que pretende convencer y los mensajes centrados en las emociones, en las necesidades. Sin embargo, en el pensamiento crítico se dirimen cuestiones que apelan precisamente a la razón, al intelecto.

4. TÚ VERÁS DÓNDE TE METES

¿Todo es discutible? No, bajo ningún concepto. Lo que, usando la terminología de Perelman, se denomina 'acuerdos básicos' no se discute; son cuestiones sobre las que la argumentación resulta improductiva porque ninguna de las partes implicadas en el proceso manifiestan opiniones distintas. Se admiten por ambas partes y, por tanto, hay acuerdo. No dan razones cuando existe acuerdo salvo que se busque la reafirmación de la postura. Es una cuestión de puro sentido común.

Pero la argumentación también tiene otros límites. Aunque especifiquemos algunos ámbitos en los que no procede argumentar, asumamos como principio que el principal límite de la argumentación está en aquellas cuestiones ante las que no es posible aducir razones. La primera de ellas, la religión. Cuando evaluamos asuntos referidos a la fe, consideraciones que solo se sostienen bajo esa perspectiva, la argumentación se vuelve improductiva.

Las controversias sobre fe y razón son numerosas a lo largo de la historia de la religión y de la filosofía. No es objeto de este libro entrar en ellas. Sí constatar, en todo caso, que al abordar cuestiones relacionadas con la fe, antes o después se llega a un punto en el que las evidencias son difíciles de validar salvo que la propia fe sirva como soporte.

Cuando alguien mantiene que Cristo resucitó de entre los muertos, que obró milagros o cualquiera de los 'hechos' que se le atribuyen, no hay nada que hacer. Son consideraciones que tienen que ver con la fe, por tanto indemostrables. O se cree o se argumenta pero las dos cosas a la vez resultan incompatibles. La argumentación implica demostración, aportación de evidencias. La 'gracia' de la fe (entiéndase 'gracia' sin la menor intención ofensiva, sino desde nuestra perspectiva) es que no necesita soporte ni evidencias para mantenerla porque no precisa ser demostrada. Se asume. No se explica. Se cree o no se cree. Se acabó el debate. El creyente considerará que determinadas evidencias que avalan sus argumentos son válidas y para el no creyente son débiles, porque lo que le confiere la fuerza a esas evidencias tiene que ver con la creencia. En todo caso, conviene diferenciar entre la argumentación de la fe – que es estéril– y otra cosa bien distinta, la argumentación sobre la religión, el hecho religioso, su peso en determinados lugares, el diálogo entre las religiones… Pero son cosas distintas.

Tampoco se discute sobre los gustos y sobre los sentimientos. No tiene ningún sentido pretender demostrar que el gusto de uno es mejor que el de otro, o está mejor fundado... Es el suyo. Punto. Nos podemos preguntar cómo es que a alguien le guste tal o cual cosa o una u otra persona. Como ejercicio retórico puede ser hasta divertido, pero no pasa de ahí. Con los sentimientos pasa lo mismo. Llegar a un consenso sobre lo que alguien debe o no sentir frente a una situación determinada no va a ningún sitio. ¿Hay razones del corazón que la razón no entiende? Sin ninguna duda.

Tanto el gusto como los sentimientos y la fe pertenecen al ámbito de lo que no se puede demostrar, a aquello sobre lo que la argumentación no resulta útil.

Finalmente, la ciencia. Las leyes científicas escapan a la opinión fundada. Una fórmula matemática no admite opinión. Se podrá verificar o no, pero la argumentación sobre ella resulta improductiva. La falta de consenso científico sobre determinadas situaciones provoca debate en lo político y favorece la opinión en uno u otro sentido (por ejemplo, el aborto). Cuando nos enfrentamos a hechos probados, sostenidos por evidencias indiscutibles, la opinión no lleva a ningún sitio.

La diferencia entre conocimiento y opinión es que el primero es cierto y la segunda verosímil. Es aquí donde se produce el intercambio de pareceres, el esfuerzo argumental, la necesidad de evaluar quién aporta más razones para sostener un punto de vista o el contrario. Pero no perdamos de vista que se trata de 'pesar' las razones, apreciar la contundencia, pero en modo alguno nos referimos a encontrar 'la' razón.

5. RAZONAR SIN EMPUJAR

No tenemos respuestas para todo, pero sí la capacidad de discutir sobre las cosas y de intentar descubrir el porqué de esas mismas cosas. El pensamiento crítico, bien entendido, exige una serie de actitudes por parte de quien argumenta como el coraje intelectual, la capacidad para cuestionar incluso lo que está establecido, lo que ya se ha asumido quizá porque "lo dice todo el mundo" o porque "no puede ser de otra manera". El pensador crítico no se deja llevar por las conclusiones a las que hayan llegado otros. Por ejemplo: es evidente que ante un atentado terrorista llega la condena, las manifestaciones y, muchas veces, las descalificaciones a quienes lo han cometido e, incluso, las venganzas. El pensador crítico no teme preguntarse si acaso los terroristas no tienen otra forma de conseguir sus objetivos que mediante el terror. Y el hecho de preguntárselo no implica bajo ningún concepto compartir o comprender el atentado. Y, probablemente, llega por su propia iniciativa a la conclusión a la que otros muchos ya han llegado. O no. Esa búsqueda de las razones la hace de manera documentada; no a partir de prejuicios, convencionalismos, tópicos. Y siempre desde la humildad intelectual exigible a quien tiene la certeza de que tiene pocas; a quien considera que tiene un punto de vista sobre el que pensar pero que puede estar equivocado y que no tiene inconveniente en reconocerlo y modificarlo si encuentra nuevas razones que le obliguen a replantearse lo que consideraba. El buen pensador crítico no busca ganar nada ni a nadie; simplemente, exponer sus razones con solvencia, bien justificadas, ausentes de falacias.

El desarrollo del pensamiento crítico no es tarea fácil. Implica poner todo en cuestión, no conformarse, alcanzar los argumentos más sólidos, despejar las dudas. Para ello resulta fundamental comenzar por distinguir los deseos de la realidad. Que nos guste que las cosas sean de determinada manera no significa que lo sean. Que estemos habituados a planteamientos simples no quiere decir que la realidad lo sea. El mundo es mucho más complejo que como habitualmente lo analizamos, al menos en los medios de comunicación. Por pereza, por ignorancia, por falta de tiempo... el caso es que con frecuencia tratamos los asuntos con brocha gorda y pretendemos una respuesta clara y rápida. A ello contribuye también el hábito de etiquetar, de poner marcas (calificativas o descalificativas) a las cosas, que condicionan el pensamiento y obstaculizan el razonamiento sensato y argumentado.

Las etiquetas no sólo simplifican la realidad; simplifican el pensamiento. O quizá simplifican el pensamiento y por eso creemos que la realidad es, igualmente, simple. Compartimentar excesivamente lo que hay, lo que ocurre, obliga a que todo debe 'encajar' en la etiqueta que se ha establecido como válida o en la que hemos decidido que deben estar las cosas. No importa si no se amoldan perfectamente. Podemos forzar hasta que encajen.

De esa manera tendremos la sensación de que el tema está controlado, porque está etiquetado. Si le hemos puesto 'progre' ya sabemos lo que hay, por qué es, cómo no será jamás: todo nos parece 'lógico'. Es, probablemente, una forma de autoengaño, explicado quizá por la pereza, por las prisas o por la falta de criterio.

Veamos el siguiente ejemplo. Dos días después del atentado perpetrado en París por tres terroristas islamistas que provocaron doce muertos –la mayoría, periodistas de la publicación satírica Charlie Hebdo–, en varias tertulias se planteó como tema de discusión si la reacción de los políticos y de los ciudadanos franceses nos provocaba envidia. Se establecía así una relación implícita entre lo ocurrido en París y lo que había pasado en Madrid en el mes de marzo de 2004 cuando varios terroristas atentaron en diversos trenes en Madrid provocando una masacre de 192 muertos y 1858 heridos. En el caso de París, hubo unidad en la condena y ni una fisura. En el caso español, algunos partidos cuestionaron la política del gobierno del PP y la gestión de lo ocurrido, se alteró la jornada de reflexión (ocurrió tres días antes de las elecciones), se produjeron manifestaciones multitudinarias contra lo que se consideraba una mentira del gobierno, que en primer lugar imputó la autoría a ETA cuando en las horas siguientes se supo que respondía a terroristas islamistas. Así expuestas las cosas – tal y como probablemente estén en la memoria de una buena parte de los españoles– se podría sentir la tentación de afirmar que la reacción de los franceses nos provoca envidia. Y, a partir de ahí, derivar la discusión hacia la descalificación de determinadas formaciones políticas, destacar la falta de madurez democrática del país, cuestionar si España es o no un gran país, con capacidad de reacción, unido ante un ataque de estas características.

Sin embargo, ¿es intelectualmente responsable participar del debate planteado en esos términos? Un pensador crítico cuestionaría, en primer término, la pertinencia de la pregunta. En principio podríamos concluir que lo es. Pero deberíamos no perder de vista que no parece muy sólido, desde un punto de vista argumental, equiparar dos situaciones que pueden resultar parecidas pero que tienen elementos sustancialmente diferenciadores. En Francia se conoció la autoría de inmediato; en España, no; el atentado en Francia estuvo localizado y sobre un objetivo que había sido amenazado; en España, la manera de atentar provocó el caos y el desconcierto; en Francia no se dieron versiones distintas de los hechos; en España, sí; en Francia no había unas elecciones a la vista –circunstancia que, objetivamente, altera el ritmo normal de los acontecimientos–; en España, sí; en Francia los medios no sintieron la obligación de verificar ni la autoría de los hechos ni las declaraciones del Gobierno; en España, sí. No todas las diferencias son igual de contundentes entre sí, pero parece innegable que dibujan contextos distintos. Se podrá razonar que, en esencia, estamos hablando de la reacción ante un atentado terrorista. Pues no. Las cosas no son tan simples y las circunstancias que rodean a los acontecimientos introducen variables, matices, que afectan a la 'esencia' de lo que ocurre.

¿Todo es discutible? Sin ninguna duda. ¿Vale todo para argumentar? Desde la perspectiva del pensamiento crítico, bajo ningún concepto. Existen algunos criterios que deben ser observados cuando se argumenta, siempre y cuando se desee hacer de manera solvente y crítica. Si partimos de la premisa de que la argumentación es distinta a la persuasión – como se ha explicado más arriba– debemos asumir que el fin último no es convencer a nadie ni ganar nada. Se trata de algo más trascendente: intentar alcanzar el fondo de las cosas, entender realmente lo que ocurre respecto al tema que se plantea. Por eso, en una argumentación sólida se deben evitar, siempre que sea posible, las apelaciones de carácter emocional. La asunción de una propuesta debe venir por la razón, principalmente; no por el corazón. Insistimos en que no se trata de persuadir ni de relajar las barreras que nuestro interlocutor pueda tener para aceptar una propuesta. Una argumentación crítica, bajo parámetros éticos, debe huir entre otras cosas de los términos ambiguos, de los eufemismos, de los insultos, de las falacias *ad hominem* (especialmente) y debe atribuir las ideas, cuando no sean propias, a sus autores.

Desde la perspectiva del pensamiento crítico hay un límite que no debería superarse en el ejercicio de la argumentación: la manipulación. Existen numerosos recursos retóricos que tienen como fin, precisamente, la manipulación; el cambio de percepción de las cosas alejándolas de lo que son con la finalidad de conseguir la adhesión a un determinado postulado. Son muy frecuentes en las tertulias, en los debates (sobre todo, entre políticos). Pero hay que tener presente que cuando se usan el propósito no es intentar acercarnos a la 'esencia' de las cosas, pretender formarnos una opinión fundada, debidamente respaldada, sólida, sobre lo que es o no, lo que debería ser o no, sino que pretenden el apoyo a una manera de ver lo que ocurre, no entender lo que ocurre en sí. Insisto en que no hay nada criticable en esa manera de proceder cuando nos referimos a un debate, en donde quienes intervienen buscan fundamentalmente ganar, contar con el aplauso de la audiencia y, si se trata de políticos, que ese aplauso se traduzca en votos. (A veces, hay debates en radio y televisión en los que no participan políticos sino periodistas y uno tiene la sensación de que también se buscan votos). En las tertulias, en los programas o secciones dedicadas al análisis político, el uso de esos recursos retóricos tradicionalmente empleados en el debate, no se justifican. Porque asumir que sí implica necesariamente pervertir la misma esencia del formato y manipular a la audiencia que no espera (ni debería tan siquiera suponer) que un periodista o un analista persiga la adhesión a determinados postulados o la consecución de más votos para una causa. Pero que eso sea así, o incluso aunque no lo sea porque nos refiramos al debate político clásico, no supone que la audiencia, quien delibera sobre el resultado de la disputa, renuncie al pensamiento crítico, a saber diferenciar los recursos que buscan manipular de aquellos argumentos que se ciñen a la cuestión que está en liza. No hacerlo implica participar incluso de las técnicas de manipulación, dejarse llevar por ellas y asumir un juego en el que la mentira, el engaño, la apariencia, los sentimientos, importan tanto como los hechos. Como juego puede ser divertido, pero eso se aleja del pensamiento crítico.

Existen determinados recursos retóricos que no se dirigen a los temas que se cuestionan sino directamente a la audiencia. Son apelaciones que persiguen el respaldo incondicional, la adhesión por la 'fuerza', la vergüenza en caso de no asumirlas. Buscan ejercer presión (no física, se entiende) sobre la audiencia y superan los límites éticos admisibles. Cuando me refiero a límites éticos pienso en aquellos topes que, si se transgreden, nos hacen entrar en un juego que no es limpio. Las reglas se traspasan y hacen que nos movamos en un terreno resbaladizo en donde resulta indispensable separar el grano de la paja. Insisto en que en determinados formatos, como el debate, precisamente ésas reglas forman parte de esa dinámica y conviene advertirlo. Asunto distinto es que nos resulten procedentes o no. La falacia *ad hominem* no es ninguna novedad; se ha venido utilizando en numerosos debates; forma parte del ámbito político desde hace miles de años. Ahora bien, que eso sea así no significa que se deba calificar como ética la referencia a la vida privada de alguien cuando no es ésa la cuestión que se discute. Porque no sólo elude el verdadero tema sino que además, y sobre todo, revela una notable falta de altura de miras y, aún a riesgo de que encuentre cierta contradicción con lo expresado más arriba, también de buen gusto. Desde una perspectiva jurídica incluso podría ser legal y amparada por un malentendido sentido de la libertad de expresión; desde la perspectiva del pensamiento crítico y el rigor intelectual es impresentable.

En España no es habitual que salgan a relucir cuestiones relacionadas con la vida privada de los políticos; al menos, como arma arrojadiza en una campaña. Es cierto que las esposas de los tres últimos ex presidentes – unas más que otras– eran objeto de noticia; pero más de la prensa del corazón y siempre vinculadas a historias 'blancas', sin mala idea. En otros países, como en Estados Unidos – quizá de forma paradigmática–, la vida privada de los políticos forma parte de la política y de las estrategias de ataque de los rivales. El caso de Bill Clinton es sobradamente conocido.

En España, salvo en el transcurso de una campaña electoral en la que un político insinuó como elemento de crítica una hipotética relación del ex ministro de Justicia, Alberto Ruiz Gallardón, con otra mujer que no era su pareja, y al que le llovieron críticas por todos los lados acusado de juego sucio y falta de escrúpulos, no ha habido casos, al menos llamativos. Cuestión distinta es la figura del anterior Rey, cuyas relaciones se han ido conociendo en los últimos años y, quizá, algo hayan tenido que ver en su abdicación. Es posible encontrar tantos que mantienen esta teoría como que la descartan entre las razones de su renuncia al trono.

El insulto, la insinuación que persigue descalificar, desacreditar y ridiculizar nada tienen que ver ni con el pensamiento crítico ni con la argumentación, ni con la más mínima educación y respeto.

Una argumentación responsable exige hacer frente a la carga de la prueba y hacerlo con claridad. La ambigüedad consciente vicia el pensamiento crítico, dificulta el análisis. En las tertulias y en los debates, pero también en las discusiones diarias al margen de los medios, se incurre con frecuencia en la deformación de la postura del contrario para, a partir de ahí, pretender anularla. No es éste un comportamiento honesto. Tampoco lo es, porque resulta inútil y una absoluta pérdida de tiempo, pretender mantener como cierto algo que es público y notorio que es falso. Aún suponiendo que puede ser una táctica válida, consigue ridiculizar a quien la mantiene y hace dudar al imbécil. Poco más.

El ejercicio responsable de la argumentación es indispensable para el buen desarrollo del pensamiento crítico. No vale todo con tal de sostener una postura. No todo es justificable con la única pretensión de conseguir el aval o de obtener el respaldo a un determinado punto de vista.

6. "DAME ARGUMENTOS": ¿QUE TE DÉ QUÉ?

La expresión la habrá escuchado con frecuencia y no es más que la constatación de que, o no se sabe de qué se habla o de que la pereza intelectual se apodera del interlocutor.

Un argumento es, sencillamente, el conjunto de razones o evidencias (premisas) que respaldan una declaración (conclusión). Las premisas son manifestaciones que aportan evidencias que permitan sostener la conclusión.

Izquierda Unida corre el riesgo de desaparecer puesto que no ha sabido marcar distancias respecto a Podemos.

"Izquierda unida corre el riesgo de desaparecer". Ésa es la conclusión. "Puesto que no ha sabido marcar distancias respecto a Podemos", es la premisa. En este caso una. ¿Puede haber más? Desde luego. Pero esta declaración solo tiene una porque, a juicio de quien habla (o quien escribe), esa razón es suficiente para probar la conclusión.

> *Si el Partido Popular no comunica los buenos resultados económicos y si no es más contundente en la lucha contra la corrupción, perderá las elecciones.*

Aquí el argumento es algo más complejo que el anterior; pero es fácil detectar dónde está la conclusión y dónde las premisas. La suma de las premisas y la conclusión, es decir, el conjunto de ambos se denomina 'argumento'. Por tanto, no se puede pedir a nadie que 'dé argumentos', porque lo que normalmente se está demandando es que aporte motivos para demostrar algo. Hablemos mejor de razones o de evidencias. "No te falta razón". Claro.

La 'argumentación' es el conjunto de argumentos que dan soporte a una misma conclusión. Aunque habitualmente se utiliza como si fuera sinónimo de 'razonamiento', no se trata de la misma cosa. El razonamiento es, simplemente, un proceso mental. Es la operación mental que establece las relaciones entre las premisas y la conclusión.

Encontramos argumentos en todo: en una discusión, en una negociación, en una petición de excusas, en una exposición, en una crítica, en una recomendación… Al hablar o al escribir, el orden en el que se exponen las premisas y la conclusión puede ser ése o el inverso. De hecho, habitualmente, suele ser el contrario: primero se establece la conclusión y, a continuación, se esgrimen las premisas que la respaldan.

> *El PSOE seguirá perdiendo más votos de los que ya ha perdido si anuncia un pacto con el PP.*

La conclusión (El PSOE seguirá perdiendo más votos de los que ya ha perdido) va antes que la premisa (si anuncia un pacto con el PP).

En la argumentación jurídica, sin embargo, se suele respetar el planteamiento lógico e inicial: primero las premisas (pruebas) y después la conclusión.

> *El denunciado estaba en el lugar del crimen, tenía motivo y oportunidad para cometer el asesinato, luego el denunciado es el culpable.*

En este caso, la conclusión va al final. Lo que vaya antes o después, en realidad, es lo de menos. Lo importante es que estén las dos.

Otra consideración que se debe tener en cuenta es que en un argumento no siempre están explícitas las dos partes (lamentablemente, a veces, ni tan siquiera están implícitas). De hecho, hay veces en que incluso las premisas configuran en sí mismas conclusiones que, por tanto, también deben ser respaldadas convenientemente.

> *El PP no obtendrá mayoría absoluta, por tanto deberá buscar pactos.*

Sería deseable explicar por qué no obtendrá mayoría absoluta: si lo dicen las encuestas, si es un pálpito o lo que sea, pero realizar esa afirmación sin más tiene poco que ver con la argumentación.

Por eso, resulta muy importante estar pendiente ante un argumento para comprobar si las evidencias o las razones son ciertas y suficientes (por tanto, aceptables) y relevantes. Las razones que se ofrecen para respaldar una afirmación deben ser suficientes en cuanto a la cantidad de evidencias aportadas, que deben sostener todas y cada una de las consideraciones posibles sobre lo que se mantiene. Es decir, la afirmación debe estar debidamente justificada. Y esas evidencias deben ser aceptables. La aceptabilidad guarda relación con la fuente, con los recursos que se utilizan para aportar las evidencias y que deben ser fiables. Entendemos que las fuentes son fiables cuando suelen aportar evidencias solventes la mayoría de las veces. Los periodistas suelen ser especialistas en determinar la fiabilidad de sus fuentes. Medir la fiabilidad de la fuente no es sencillo.

Por tanto, no puede ser válido para unos sí y para otros no. Lo es para todos porque se estructura sobre patrones y métodos que son universales. El pensamiento crítico deja a un lado las razones de carácter emocional u oportunista para centrarse exclusivamente en el conocimiento al margen de los pareceres. Ésas son las características que debe tener un buen argumento. Pensar críticamente significa decidir si una razón debe ser tenida en cuenta o no para respaldar una conclusión.

Llegados a este punto podemos tener la sensación de que en todas las intervenciones o escritos hay argumentos, y no es así. ¿Cómo distinguir entonces cuándo existen premisas y conclusiones y cuándo no? Podemos encontrar palabras o expresiones que nos indican que una afirmación es una premisa o una conclusión. En el caso de las premisas: para, porque, desde, como se demuestra, teniendo en cuenta... En el caso de las conclusiones: en consecuencia, así, entonces, se puede concluir que, se sigue que, por tanto, por consiguiente...

Un argumento solvente está formado por premisas que deben ser aceptables y que sostengan la conclusión. Deben darse ambas características. Hay premisas que, pudiendo ser aceptables, no respaldan la conclusión.

Rubalcaba no fue un buen secretario general porque fue elegido por un margen muy pequeño de votos.

Como es obvio, el número de votos que hayan decidido su elección no guarda ninguna relación con la calidad de su mandato en la secretaría general. Es cierto que fue elegido por pocos votos pero no tiene que serlo necesariamente que no haya sido un buen secretario general (aunque para no pocos, la conclusión también es cierta). ¿Qué hacer entonces? Pues preguntarse si con esas mismas evidencias se podría llegar a una conclusión distinta y asunto resuelto.

Si queremos saber si un argumento es solvente o no, lo mejor es averiguar si las evidencias son ciertas o falsas. Pero como no es algo que sea siempre sencillo (porque uno no se pone a contrastar en Internet cada dato que escucha de un argumento), es más práctico considerar si son o no creíbles. Es decir, si hay buenas razones para pensar que son ciertas o falsas, que es el fin último de la verificación y condición necesaria para valorar la validez de un argumento. Ahora la pregunta es: ¿Y cómo saber si es creíble?

Los españoles son más pobres que hace cuatro años porque su poder adquisitivo ha disminuido un 30%.

En principio, si no dispusiéramos de recursos para confirmar la verdad o falsedad de la evidencia (que ha disminuido un 30%) sólo podríamos considerar si es creíble. Si tenemos en cuenta que llevamos más de siete años en crisis, que escuchamos cada día testimonios de familias que no tienen ningún recurso económico... podríamos entonces considerar que lo es. ¿Por qué? Fiándonos, en principio, del sentido común. Eso no nos permitirá darla por cierta pero sí por creíble, si bien no de manera concluyente.

Otra forma de saber si lo es o no es fijándose en la fuente. ¿Tiene autoridad en la materia o no? Si la tiene, probablemente estamos ante un argumento creíble.

> *Según el último estudio de la UNESCO, España es el país donde más ha crecido la pobreza infantil.*

La actividad de la UNESCO es conocida, sus informes realizados por especialistas, también. Se trata de un organismo dependiente de la ONU que maneja un importante volumen de información y que lleva décadas trabajando para corregir los desequilibrios sociales, con especial hincapié en la infancia. Estaríamos entonces ante una fuente autorizada. Pero ahora fíjese en el siguiente ejemplo.

> *Jorge Javier Vázquez ha dicho en su programa que el PSOE ganará las elecciones. Así que, los socialistas volverán al poder.*

Sin desmerecer el trabajo de un presentador que consigue estar horas y horas en un plató y entretener a millones de personas, lo que diga sobre quién va a ganar las elecciones tiene la misma autoridad que si yo me pronuncio sobre las características técnicas que aconsejan fichar un jugador para no sé qué equipo. Ninguna. Tener autoridad no significa tener criterio, o buen juicio o estar informado. Una autoridad es un experto solvente, reputado e independiente. Como es evidente que no estamos hablando de alguien así, lo suyo será un comentario como otro cualquiera pero no sirve como evidencia para demostrar que los socialistas volverán al poder.

¿Y qué elementos tenemos para sospechar que una afirmación o sentencia no es creíble? Existen varias pistas que nos pueden ayudar. Conviene desconfiar de las evidencias demasiado vagas ("según dicen algunos medios de comunicación"); del uso de palabras o expresiones engañosas ("reorganización de la mano de obra", en vez de decir 'despidos'); de niveles excesivos de precisión en los datos que pueden despertar la sospecha ("en España hay 26.875 personas que están en riesgo de exclusión). Por muy precisas que sean las estadísticas que se manejen no es posible alcanzar tal grado de precisión en una cuestión como ésta.

También conviene valorar si quien afirma lo que sea tiene algún tipo de interés en que se valide una determinada conclusión.

El máximo responsable de los empresarios ha dicho que es necesario facilitar aún más el despido para crear empleo.

Pues muy bien. ¿Y qué va decir? El presidente de los empresarios sin duda conoce el sector, es un reputado empresario y todo lo que usted quiera, pero es evidente que tiene un interés muy claro en proponer determinadas políticas y no otras. Quizá lo que mantenga sea sensato pero, cuando menos, conviene ponerlo en cuestión porque es parte implicada.

Un buen argumento es aquel que parte de premisas que son ciertas y llega a una conclusión que está bien respaldada por la información que se aporta en esas premisas. Dicho de otro modo, y al contrario, un argumento es erróneo cuando la información incluida en las premisas es falsa o cuestionable o no arrojan suficientes pruebas para sostener la conclusión que, además, no debe contener más información que la incluida en las premisas.

7. ÉSTA ES LA CUESTIÓN

A finales de los años 50, Stephen Toulmin escribió un libro que se ha convertido en clásico de la argumentación: *The uses of argument*. No fue el único que nos dejó un texto indispensable sobre esta materia. La obra de Perelman es contundente, desde todos los puntos de vista. La de Toulmin describía las seis partes de un argumento.

En todo caso, con tener claro que un argumento se compone de evidencias y conclusión, es suficiente. Los otros elementos se pueden tener en cuenta para una visión más analítica, académica o por disfrute de estas cosas.

Lo segundo que se debe tener bien presente es que cuando alguien hace una declaración debe probarla. O sea: que quien abra la boca para emitir un juicio, lo demuestre. Si no, señoría, no hay caso. Es lo que se denomina 'carga de la prueba'. Ésa la lleva siempre encima quien se pronuncia sobre una manera determinada en relación a una cuestión específica. No soportar la carga de la prueba es la principal traición al pensamiento crítico y, probablemente, al sentido común.

Cuando se afirma que la Infanta tenía que conocer lo que hacía su marido y que si no lo conocía debe probarlo; cuando se mantiene que Podemos ha sido financiado por Venezuela y que si no lo ha sido debe probarlo; cuando se asegura que Rajoy debía estar al tanto de lo que hacía el tesorero y que si no lo estaba debe probarlo... Todas esas acusaciones pueden dar mucho juego en el ámbito político, pueden suponer indicios para una investigación judicial, pero desde el punto de vista de la argumentación no se sostienen. Que algo parezca que puede ser de una manera determinada no implica que lo sea necesariamente. No es lo mismo que algo parezca razonable a que sea cierto. Cuando estos temas han sido objeto de análisis o de debate en diferentes programas no era infrecuente pretender que las partes 'acusadas' demostraran que la acusación no era cierta, invirtiendo así la carga de la prueba. Por regla general, quien incurre en esta falacia, suele continuar su 'razonamiento' con otra: la denominada apelación a la ignorancia. Dicho de otro modo, si no se puede demostrar que es falsa la acusación que formulo entonces es que es cierta.

Pretender eludir la carga de la prueba, invertirla, o incluso evadir la propia cuestión es, además de una falta de respeto, una muestra palmaria de descuido o de indigencia intelectual. Y de esto hay mucho. No tiene más que afinar el oído o agudizar la vista.

Por regla general, la mayoría de los temas que copan las tertulias, los programas de análisis o los debates giran en torno a tres asuntos: si algo es o no es; si está bien o no; y cómo debería ser. Y nada más.

La ley de seguridad ciudadana atenta contra los derechos de los individuos.

Se debate en torno a si es así o no. No hay más vueltas. O sea, si "atenta" o no contra los derechos de los individuos. Habría que delimitar por tanto qué se entiende por 'atentar' y cuáles son los 'derechos del individuo'.

Todos los gobiernos de la democracia negociaron con ETA.

Se trata de verificar si es cierto o no lo es. En este caso concreto el término 'negociación' puede dificultar alcanzar una resolución sobre el tema que se discute. ¿Negociar es reunirse? ¿Es reunirse, hablar y llegar a alguna conclusión haya o no acuerdo? ¿Si alguien se reúne, habla o escucha y se levanta de la mesa se puede considerar negociación? El Partido Popular hace equilibrios con las definiciones del término 'negociación' cuando le llueven las críticas por afirmar que nunca han 'negociado' con ETA.

El aborto no es un derecho, es un asesinato.

Parece que estamos discutiendo sobre palabras, sobre de qué manera calificar la interrupción voluntaria del embarazo. Pero en realidad estamos argumentando si es un derecho o no lo es; si es un asesinato o no lo es. Precisamente la argumentación sobre lo que realmente es un aborto volvió a crear polémica hace unos meses con una propuesta de reforma de ley planteada por el Gobierno que nunca llegó a cristalizar. Las manifestaciones se dividieron: para unos, un derecho; para otros, un asesinato.

Sobre esta misma cuestión parece que se ha asentado una perversión lingüística que, aún no siendo falsa, da la sensación de que sólo se atribuye a una parte y que, por exclusión, a la otra hay que atribuirle el sentido contrario. Las asociaciones antiabortistas se han venido denominando a sí mismas 'pro vida'. Y es cierto si solo buscan definirse. El problema surge cuando de esa denominación fuerzan una inferencia: si ellas son 'pro vida', las asociaciones que defienden que una mujer pueda interrumpir su embarazo ¿qué son? En realidad nos encontramos ante un uso ambiguo del lenguaje. Por otra parte, ¿alguien con dos dedos de frente se opondría a un colectivo que lucha por la vida? Pues ese condicionamiento para interpretar las cosas, que puede pasar inadvertido, es el primer paso para convencer… o para manipular. La teoría del marco o del encuadre (Framing) explica muy bien este tipo de asuntos.

La segunda cuestión sobre la que se suele hablar tiene que ver con si algo es bueno o malo, si está bien o no. Como es obvio, a diferencia de las anteriores, aquí verificar algo objetivamente es muy complicado, por no decir imposible. Son asuntos que se refieren a valores, juicios, interpretaciones.

> *La política social del PSOE es mejor que la del PP.*

No se discute si el PP o el PSOE tienen o no política social. Parece que se da por sentado que los dos partidos la tienen y que incluso la desarrollan. La cuestión es ¿cuál es mejor? Obviamente surge una pregunta: ¿y cómo valorar la calidad? Es evidente que se hace imprescindible utilizar un conjunto de requisitos compartidos por quienes discuten para intentar que la cuestión sea lo más objetiva posible, para que al menos haya una escala de valores que nos permita ver quién cumple y quién no. De lo contrario, no hay manera. Por ejemplo: número de personas beneficiadas, presupuesto destinado, ámbitos afectados por esa política… El resultado que arroje la comparativa nos puede permitir concluir cuál de las dos políticas es mejor.

Y la tercera cuestión sobre lo que se suele hablar (en realidad, la más habitual en tertulias, debates y programas de análisis político) tiene que ver con cómo debe o debería ser algo o cómo deberíamos hacer algo.

Los terroristas deberían cumplir íntegramente sus penas.

No se cuestiona si deben o no ser condenados ni tampoco si es mejor o peor que permanezcan en prisión más o menos tiempo, sino si deberían o no cumplir sus penas de forma íntegra. Este tipo de cuestiones se distinguen porque habitualmente incluyen el verbo 'deber', aunque no significa que sea siempre así. Por ejemplo:

Necesitamos bajar el IVA para incentivar el consumo.

Es el mismo tipo de asunto pero en este caso no aparece el verbo 'deber'. Pero seguimos hablando de si se debería o no bajar el IVA para que la gente se anime a comprar. No se discute si la bajada del IVA incentivará necesariamente el consumo. No se dirime si la bajada es, además de una condición necesaria, una condición suficiente (la diferencia entre ambas la abordaremos más adelante). Eso se da por sentado para cuestionar que 'necesitamos'; o sea, que 'se debería'.

Que exista una clasificación clara (aunque, como hemos visto, no unánime) no implica que todos los temas sobre los que se puede argumentar estén igual claramente definidos. Las cosas no son tan simples. Es posible encontrar cuestiones que planteen dificultades en su clasificación.

La política exterior de la Unión Europea es
un absoluto fracaso.

Parece que si se califica de "absoluto fracaso" estamos hablando sobre si ha sido buena o mala. Pero partamos ahora de esta idea: alcanzar un objetivo es tener éxito y no alcanzarlo es fracasar. Si ahora nos planteamos si la política de inmigración alcanzó o no los objetivos que se esperaban y concluimos que no, por sentido común, estaremos afirmando que fue un fracaso. O sea, que estaríamos intentando razonar que 'La política exterior de la Unión Europea no ha alcanzado los objetivos previstos'.

En el ámbito político, no todas las declaraciones son tan explícitas como las que se han expresado en los ejemplos. Lo que sí está claro es que la mayoría de las proposiciones son aquellas que cuestionan cómo deben o deberían ser las cosas.

8. AHORA VAS Y LO PRUEBAS

Es la madre del cordero. Lo que de verdad nos sirve para saber si quien habla sabe de lo que habla o si se ha preparado el tema. Son las pruebas, los datos o las razones que sirven para respaldar lo que se dice. Decir "El PP ganará las elecciones", no sirve de nada si no se explica, si no se fundamenta. Es una afirmación gratuita o la manifestación de un deseo. Pero eso no va a ninguna parte.

El PP ganará las elecciones porque ha hecho mejor campaña, las encuestas le dan como favorito y ha cumplido su programa.

Aunque sobre la última 'evidencia' hay pocas evidencias —es un ejemplo— el asunto ya cambia. Habrá que probar cada una de las tres razones. Pero al menos ya hay razones. Antes no había nada. No era un argumento.

¿Y de dónde se sacan las razones? ¿Cómo conseguirlas para argumentar debidamente lo que sea? Fundamentalmente de los ejemplos, de las estadísticas y de los testimonios. Son los tres recursos más habituales que utilizamos al argumentar.

El ejemplo es uno de los más usados. Sin embargo, no todos los ejemplos configuran evidencias. Si afirmo que las familias en España lo están pasando muy mal y para justificarlo explico que el comedor social que está próximo a mi casa siempre está atestado, puede resultar indicativo, efectivamente, de la situación que describo. Sin embargo, los ejemplos que se aportan deben reunir dos condiciones: suficientes y representativos. Un conocido periodista, historiador, jurista, político... en fin, todo un hombre del Renacimiento, que acude con mucha frecuencia a diferentes tertulias suele explicar la situación de España, en general, a partir de sus propias experiencias. Cuando escribo estas líneas, defendía con pasión en una cadena de televisión que la economía estaba empezando a crecer.

> *Yo que, por mi actividad, voy a comer a restaurantes, el otro día fui a uno y, oye, las mesas estaban ocupadas. Y hace unos años ése mismo restaurante estaba casi vacío.*

(La reproducción no es literal para que no parezca más indignante de lo que es). El lector puede pensar que es una forma de hablar, sólo un ejemplo. Y ése es precisamente el problema, y no es menor. Nada es 'una forma de hablar' en una tertulia o en un debate cuando se pretende avalar un juicio. Un ejemplo, ese ejemplo, es una pérdida de tiempo. Es, sencillamente, irrelevante. Por otra parte, fíjese que cuando alguien refuta este tipo de ejemplos asegurando que no son significativos de nada, quien lo ha esgrimido suele decir: "Bueno, es sólo un ejemplo". Esto implica que reconoce la invalidez pero, además, asume que un ejemplo no tiene en sí mismo carga probatoria. Falso. Si está bien puesto, desde luego que la tiene. Si la audiencia no conoce los requisitos que deben cumplir los ejemplos para que tengan carácter probatorio en una proposición, corre el riesgo de dar credibilidad a lo que no lo tiene. Y si quien habla propone ese ejemplo como aval de lo que mantiene, lo hace de forma deliberada para conseguir el respaldo. Y, lo peor: si quien tiene la posibilidad de replicar ese argumento mostrando la debilidad de la evidencia (por irrelevante) no lo hace, contribuye a la confusión y da la espalda al pensamiento crítico.

Supongamos ahora que quiero afirmar que las familias en España lo están pasando muy mal, y lo justifico diciendo que el restaurante al que acudo tiene más mesas libres de lo habitual, que veo poca gente en el cine y que en los fines de semana largos no se ven tanto coches como en otras épocas. Se trata de tres ejemplos de ámbitos distintos por lo que podrían ser suficientes. Sin embargo, no son representativos. Que las circunstancias que refiero sean ciertas no implica necesariamente que las familias lo estén pasando mal sino que, probablemente, consuman menos porque tienen menos dinero disponible o que el que tienen prefieren dedicarlo al ahorro. De ahí a concluir que lo están pasando mal hay un trecho que no está suficientemente argumentado.

Las estadísticas constituyen otro tipo de evidencia, y que puede ser muy contundente si se sabe cómo utilizar. La aportación de datos contribuye a hacer más objetivo el respaldo de una propuesta. Sin embargo, el hecho de utilizar una estadística no conlleva necesariamente que la cuestión esté bien justificada. Imaginemos que digo que Mariano Rajoy es el político mejor valorado en España. Para ello aporto una encuesta que ha hecho el periódico La Razón entre sus lectores. Aunque se trate de una encuesta, resulta de todo punto inservible para sostener lo que pretendo ya que la fuente está considerablemente sesgada al nutrirse de los datos obtenidos de un tipo de lector situado políticamente en la derecha, consumidor natural de este periódico. Por tanto, independientemente de que hayan respondido miles de lectores a la pregunta, no han sido elegidos con criterios científicos y está sobrerrepresentada una tendencia política que, por otra parte, no es la mayoritaria en España. Habremos utilizado una encuesta, podremos disponer de porcentajes de valoración, pero el método de obtención no es riguroso. Esa encuesta viola un principio fundamental que deben reunir las evidencias: la aceptabilidad.

Ahora bien, conviene tener en cuenta que no todas las cuestiones que se abordan pueden disponer de razones estadísticas por el hecho de que no todas las cuestiones son medibles con números. Por ejemplo: la felicidad. Hay alguna encuesta que se publica con cierta periodicidad sobre los países en los que la gente es más feliz. Al margen de ser un tema que da cierto aire en algunos medios de comunicación para desengrasar una actualidad muy dura, no es complejo colegir que no es factible medir la felicidad en términos estadísticos. Ni el amor, ni el odio, ni la avaricia... Se argumentará que en realidad a los encuestados se les pregunta por cuestiones que guardan relación con una mayor o menor sensación de felicidad o con aspectos que podrían estar vinculados necesariamente con la felicidad, como si para todo el mundo fueran los mismos. Por ejemplo, si le gusta el país en el que vive. El error radica en deducir que es infeliz o menos feliz aquel que vive en un país que no le agrada especialmente.

Conviene no perder de vista también que hay cuestiones que no pueden ser medidas hasta el último detalle, por lo que los datos absolutamente precisos deberían hacernos desconfiar. Por ejemplo: En España hay 239.846 niños con malnutrición. De todo punto imposible tener este dato. Se puede hacer una estimación manejando diferentes variables pero jamás tener el dato preciso. Otro ejemplo: La reforma laboral aprobada por el PP generará en los próximos cinco años 86.421 puestos de trabajo en condiciones precarias. Una vez más: imposible determinarlo. Ésta es la falacia de la precisión. Desconfíe, y someta a juicio, cuando el nivel de exactitud sea tal que le impresione lo fino que han hilado los encuestadores.

Respecto a la comparación de porcentajes, mucha precaución. Por ejemplo: si queremos mantener que hay que potenciar la inversión en investigación en España para acercarla a la media europea y como evidencia explicamos que en nuestro país se destina un 1% del presupuesto del Estado mientras que en Finlandia se destina el 10% podemos estar incurriendo en un error. En primer lugar es imprescindible conocer si estamos comparando realidades que se pueden comparar. Es decir, resulta necesario determinar si la inversión en investigación parte de los presupuestos públicos tanto en España como en Finlandia. Y en segundo lugar –y quizá más importante– establecer respecto a qué presupuesto global corresponden esos porcentajes. Si el presupuesto de España es de mil millones, un 1 por ciento es diez. Pero si el de Finlandia es de 10.000 millones, el 10 por ciento es, igualmente, diez millones. Por tanto, aunque pudiera parecer que Finlandia destina diez veces más, en realidad (y lo que verdaderamente importa, que es el dinero) dedica exactamente lo mismo que España. Ahora bien, sería relevante cuántos investigadores se benefician de esa cantidad que viene del mismo sitio y es la misma. No es igual destinar diez millones de los presupuestos para cien mil investigadores que para un millón. Finalmente, en el ejemplo expuesto habría otro problema: no es posible argumentar sobre "la media europea" y poner el caso de Finlandia. Sería necesario establecer la media real de los países de la Unión y considerar el dato habiendo aplicado los dos criterios esgrimidos más arriba.

Respecto a la manera de presentar los porcentajes, mucho ojo si se quiere ser crítico. Siguiendo con el ejemplo anterior, si España pasa de destinar 1% a 2% de los presupuestos para investigación, en términos relativos habría aumentado la partida un 100%; en términos absolutos, tan sólo un 1%. ¿A que no suena igual? Pues lo mismo.

Finalmente, debemos advertir sobre el cuidado que se debe tener cuando se hacen proyecciones estadísticas. Si aseguramos que dentro de diez años habrá el doble de personas viviendo bajo el umbral de la pobreza y aportamos como evidencia que el coste de la vida está subiendo y los salarios están bajando, entonces deberíamos tener la certeza de que esa tendencia (coste de la vida y bajada de salarios) se va a mantener en los próximos diez años, que no se van a producir circunstancias que alteren esos dos parámetros así como otras que pudieran incidir de alguna manera en nuestra proposición.

Si queremos saber si una estadística sirve para justificar lo que alguien mantiene hay que ver si está realizada con la técnica adecuada y si cubre un periodo de tiempo apropiado.

A menudo no se suele leer la ficha técnica de las encuestas o de los muestreos, y convendría hacerlo antes de utilizar los datos que arrojan. Si la selección de quienes responden no está bien hecha, los datos sirven de poco. Y de menos, si a partir de ahí se pretende hacer proyecciones.

El periodo de tiempo es importante si se pretende realizar una proyección de los resultados. Ha ocurrido con frecuencia en los últimos años con los sondeos del CIS (Centro de Investigaciones Sociológicas). Las encuestas de intención de voto que se conocían coincidían con la publicación de escándalos de corrupción (en realidad era muy difícil que no coincidiera), circunstancias extraordinarias que alteraban la normalidad del país. Pretender extrapolar esos resultados, influidos por una actualidad excepcional, a lo que ocurrirá dentro de un tiempo, cuando se celebren las elecciones, supone tanto como dar por sentado que la realidad seguirá siendo la misma. Es evidente que las preocupaciones de los ciudadanos cambian y las prioridades también. Y que los resultados de una encuesta realizada en un momento de turbulencias deben ser utilizados con mucha precaución si se desea hacer una proyección, porque no se estará proyectando la normalidad sino una circunstancia extraordinaria.

Finalmente, si se hacen comparativas hay que tener una precaución: que lo que se compara sea comparable. Puede parecer una obviedad, pero no lo es. Recuerde el ejemplo ficticio de los recursos destinados por el gobierno español y el finlandés a la investigación.

Los testimonios constituyen el tercer tipo de evidencia que se utiliza en la argumentación. Me refiero a las consideraciones que realizan los expertos sobre una cuestión específica. Pero como en los casos anteriores, el uso de esos testimonios debe cumplir al menos dos exigencias: la primera, que se trate de un experto solvente en la materia; la segunda, que sea independiente. Si pretendo mantener que hay que invertir más en las centrales de energía renovable porque son más seguras que las que funcionan con energía nuclear y, para soportar esa propuesta, utilizo como evidencia la afirmación en el mismo sentido que hace el ministro de Medioambiente, la evidencia no tiene suficiente contundencia. Aún presuponiendo que debe conocer este tipo de cuestiones, es un político, no un ingeniero, un físico o un especialista en seguridad energética. Supongamos que utilizo la declaración de este último. El testimonio lo realiza, por tanto, un experto. Pero imaginemos que trabaja para una central eólica. Podría tener algún tipo de interés en pronunciarse en ese sentido. Eso no significa que lo que haya manifestado no sea cierto ni esté justificado, pero la evidencia pierde fuerza porque no es imparcial y obliga a cuestionar las razones con más detenimiento.

Un testimonio es válido si quien lo realiza está perfectamente identificado. Expresiones vagas como "según algunos expertos", "fuentes cercanas a la directora del FMI" no tienen ninguna fiabilidad y deben ponerse en cuarentena. Los testimonios de expertos y de los testigos que se utilizan para sostener una proposición deben estar claramente identificados para ser tenidos en cuenta y no deben estar contaminados por cuestiones personales o circunstanciales. En las tertulias de radio y de televisión es una constante: "he hablado con algunas personas", "gente que sabe de esto", "he consultado con algunos especialistas"

Desde la perspectiva del pensamiento crítico, eso no sirve de nada. O se identifica o no vale. Es posible que en algunos casos no esté permitido identificar la fuente – por motivos de confidencialidad–. En ese caso – probable en informaciones periodísticas; extraño en tertulias y debates– habrá que explicar por qué no se identifica. Quien precisa utilizar este recurso debe saber que la capacidad probatoria del testimonio no atribuido descansará sobre su propia credibilidad.

Y esto es lo que ocurre cuando aún pudiendo explicitar las fuentes no se hace. A veces ocurre por dejadez; otras, quizá, porque sencillamente no es cierto y sólo se busca dar la sensación de manejo 'privilegiado' de fuentes. En cualquier caso, su credibilidad es la que tiene fuerza probatoria. Poca, mucha o ninguna. Eso lo decidirá la audiencia.

Y ese testimonio que está perfectamente identificado debe corresponder a una fuente (a un experto) solvente, reconocida e independiente. No es suficiente con que un experto esté debidamente identificado. Además debe ofrecer todas las garantías para poder pronunciarse sobre una cuestión y debe poder hacerlo libre de todo interés: con independencia. Es preferible, además, que el experto sea reconocido, lo que nos indicará que su solvencia ha tenido que ser demostrada en otras ocasiones.

La independencia no es un asunto menor. Resulta curioso que para algunos programas parece que en España sólo existe un determinado economista, un determinado abogado, un determinado analista internacional... Son los especialistas 'de cabecera', expertos que 'funcionan' en el medio, que cuentan bien las cosas. Esto no plantea ningún problema siempre y cuando esté garantizada la independencia del profesional. Si no es el caso, se está haciendo pasar una visión predeterminada de las cosas bajo la apariencia de independencia porque las afirma una autoridad solvente y reconocida. Dicho de otro modo: a veces se busca al especialista que dirá lo que el programa quiere escuchar. Al margen de que no es una actitud honesta para con la audiencia, conviene marcar cierta distancia respecto de esos análisis.

También es oportuno cerciorarse de que lo que se asegura que ha dicho un experto lo ha dicho refiriéndose al tema en cuestión y no a otro. Hay que garantizar que no se ha descontextualizado lo que dice el experto.

*España alcanzará los objetivos impuestos por
la Unión Europea.*

Esta declaración, así reproducida, parece contundente. El problema es que puede venir precedida de "si acomete una reforma laboral más profunda y reduce el tamaño de las instituciones". O que esas declaraciones se referían a un momento en el que España estaba mejor que ahora. Se podría pensar que en este caso estamos ante una burda manipulación. Para llegar a esa conclusión habría que imputar intencionalidad al medio, al periodista o al contertulio. Lo que resulta evidente es que, en el mejor de los casos, la declaración está sacada de contexto.

Cuando los testimonios que se ofrecen como argumentos de autoridad no reúnen las características de experiencia, competencia e independencia, el terreno está abonado para que surjan las falacias. Es decir, debilidades que invalidan el argumento. Por ejemplo, **la apelación a la falsa autoridad.** Consiste en utilizar una autoridad como evidencia en el argumento cuando esa autoridad no guarda ninguna relación con los hechos que sostiene ese argumento. El argumento carece, por tanto, de relevancia.

*El programa económico de Podemos es una
utopía porque lo dice el director de ABC.*

Que el director de un periódico mantenga lo que le apetezca no implica necesariamente que sea cierta, aunque sería lo deseable (como no pocas veces se ha demostrado); no tiene ninguna autoridad para pronunciarse sobre cuestiones económicas (más allá de los análisis que puedan hacer sus periodistas, que pueden estar especializados en economía lo cual les confiere una autoridad, pero relativa) y tiene una marcada línea editorial muy crítica con otros ámbitos sobre los que se pronuncia el partido, no sólo el económico.

Una variante es la **falacia de la celebridad** (muy habitual en tiempos de campañas electorales). Se trata de utilizar una supuesta autoridad... pero no en la materia.

> *Según Miguel Ríos, Izquierda Unida es el partido que más ha luchado por los derechos de los españoles.*

En fin. Sin quitarle el menor mérito como uno de los grandes cantantes, su autoridad para sostener la conclusión es más que discutible por dos razones: ni es un reputado analista ni investigador sobre derechos en España y, además, es un conocido simpatizante de la coalición. Por lo tanto, no competente (en este tema) ni independiente.

Es posible utilizar a una autoridad reconocida, independiente, solvente, objetiva pero no para probar, no como una evidencia contundente que respalda una conclusión, sino para infundir temor; para forzar que se acepte porque el rechazo provocaría vergüenza. Se utiliza una autoridad que puede resultar indiscutible; aquella que, si se cuestiona, genera en quien lo hace una incomodidad tal que probablemente evite hacerlo por temor a ser irrespetuoso, irreverente. Es una falacia que se denomina **ad verecundiam** y es propia de los sectarios, los dogmáticos: los irracionales.

> *El propio fundador del partido dijo que el miedo tenía que cambiar de bando. ¿Y tú que eres un simple militante lo vas a cuestionar?*

En este caso, además de la clara pretensión de no entrar en la argumentación de fondo sobre la conveniencia o no de jugar con el miedo en política y sobre el significado real de la expresión, también hay una falacia **ad hominem**: suave, pero ahí está ("simple" militante).

Este tipo de argumento utiliza una autoridad, que puede tener todos los atributos, pero no la ofrece para someterla a consideración y crítica. No propone la autoridad; la arroja al contrario con la amenaza más o menos explícita de no discutirla si no quiere hacer el ridículo, ser irrespetuoso, irreverente o tener que avergonzarse. Por tanto, tampoco elude la cuestión. Lo que pretende es evitar que la otra parte contraargumente.

Yo corrí delante de los grises y estuve preso por defender las libertades antes de que tú nacieras. ¿Pretendes darme clases de lo que es luchar por conquistar derechos?

El ministro de Economía ha dicho que España mejorará sus previsiones el próximo año. ¿Vas a enmendarle tú la plana a un economista de prestigio?

Hace unos meses, cuando el Papa regresaba de un viaje, habló con los periodistas que le acompañaban en el avión sobre los atentados terroristas en París y sobre los límites de la libertad de expresión. En algún momento de la conversación dijo:

Si insultan a mi mamá, pueden esperarse un puñetazo. ¡Es normal!

Si se utilizara esta frase para argumentar que cuando alguien se acuerde de tu madre, lo más cristiano es partirle la boca "porque así lo dice el Papa, que es el representante de Cristo en la tierra", además de una barbaridad, sería un ejemplo de apelación al respeto (al Papa, no al que asume el riesgo de llevarse la guantada). Es obvio que la evidencia sólo tendría carácter probatorio para un radical.

Los testimonios son un recurso muy utilizado en la argumentación política: expertos, especialistas, los propios

políticos realizan declaraciones que después son utilizadas como evidencias para sostener determinadas proposiciones.

Finalmente, ser testigo también es una prueba. Lo es
en los juicios y también lo es en otros ámbitos de la argumentación. La evidencia directa es aquella obtenida
personalmente o por testigos. Si aseguro que un político
es corrupto porque vi cómo aceptaba un sobre con dinero
a cambio de modificar el plan de urbanismo, estamos ante
una evidencia directa. Si, en cambio, digo que el jefe de
gabinete del mismo político debió conocer que había re-
cibido un sobre con dinero porque era su jefe de gabinete,
entonces estamos ante una evidencia indirecta. Asumimos que al ocupar ese cargo debe estar al tanto de todo
lo relacionado con el político para quien trabaja. Podría
parecer razonable pero es circunstancial (denominación
que también recibe este tipo de evidencia en el terreno
judicial), porque ni el político tiene por qué contar todo a
su jefe de gabinete, ni éste acompañar a aquel veinticua-
tro horas al día.

9. DOS MANERAS DE RAZONAR

Como se ha descrito, para que un argumento sea válido las premisas o las evidencias deben ser ciertas y respaldar la conclusión. Esa relación de dependencia que establecemos entre ambas se denomina 'inferencia'. El razonamiento es el proceso mental que nos permite pasar de los datos a la conclusión. Es decir, la manera en la que procesamos la información.

Existen dos tipos de inferencia: la deductiva y la inductiva.

En un razonamiento deductivo, la verdad de las premisas implica necesariamente la verdad de la conclusión; la relación entre premisas y conclusión es de inferencia necesaria; y la conclusión es verdadera.

Un razonamiento deductivo va de lo general a lo particular. Parte de las reglas, y se aplica a casos concretos.

Todos los países democráticos celebran elecciones libres.
España es un país democrático.
Luego, España celebra elecciones libres.

Estamos, pues, ante un argumento válido. Pero la validez de un argumento se refiere a la relación entre las premisas y la conclusión. Es decir, si las premisas son ciertas la conclusión también. Pero en una argumentación crítica importa el contenido. Recuerde el ejemplo.

En todas las democracias los tres poderes son
independientes.
Venezuela es una democracia.
Por tanto, en Venezuela los tres poderes son independientes.

Formalmente, la conexión entre las premisas y la conclusión es válida. Sin embargo, es evidente que la conclusión es falsa, probablemente porque afirmar que Venezuela es una democracia... quizá sea forzar demasiado.

En un razonamiento inductivo, la verdad de las premisas no implica necesariamente la verdad de la conclusión; la relación entre premisas y conclusión es de inferencia probable; y la conclusión es probable, en el mejor de los casos.

En un razonamiento inductivo se va de lo específico a lo general.

Mis vecinos lo están pasando mal por la crisis;
tengo muchos amigos que lo están pasando
mal por la crisis;
veo alumnos que tienen que dejar sus estudios
por la crisis.
Luego, los españoles están sufriendo mucho
con la crisis.

Como se observa, a partir de tres casos particulares llegamos a una conclusión general. Se trata, evidentemente, de una generalización, que es un tipo de argumentación inductiva. Habitualmente, utilizamos este tipo de razonamiento, tanto para aquellas cuestiones sobre las que tenemos certeza absoluta (las menos) como para aquellas sobre las que el grado de certeza es probable. Las conclusiones que se extraen de una encuesta política son razonamientos inductivos. Cuando de una encuesta realizada a 2000 españoles, el 33 % asegura que votará a Podemos, la lectura es que uno de cada tres españoles votará a esa formación. En realidad solo se ha preguntado a dos mil personas de entre los más de 36 millones de electores. Y de ellos apenas 700 han afirmado que darán su voto a ese partido. Pero si la encuesta está diseñada científicamente, de casi 700 respuestas en ese sentido se puede inducir que el 33 por ciento de todos los españoles lo harían.

Los ejemplos que utilicemos en este tipo de razonamiento para inferir la conclusión deberán ser suficientes y representativos. Una encuesta con algo más de 2000 encuestados es suficiente. Pero si quienes responden no están elegidos con criterios estadísticos, representativos de la sociedad española (como las que suelen realizar algunos medios de comunicación entre sus lectores u oyentes), no servirá para inferir nada de carácter general. Sólo valdrá para inferir lo que piensan quienes escuchan, ven o leen ese medio de comunicación en concreto.

Al margen de las diferencias entre uno y otro tipo de razonamiento, no aporta nada al pensamiento crítico saber si un argumento es inductivo o deductivo. Absolutamente nada. Lo más útil y lo más interesante es ver si las premisas son ciertas y si respaldan la conclusión. O sea, si el argumento es válido.

10. CON CUATRO ARGUMENTOS BASTA

Al razonar utilizamos diferentes tipos de argumentos. Aunque una clasificación exhaustiva nos llevaría a tratar hasta diez, me voy a centrar en los más comunes: el analógico, el causal, por generalización (o ejemplo) y el condicional.

El argumento de analogía se usa cuando comparamos dos situaciones que comparten las mismas características y se llega a conclusiones basadas en esas comparaciones. Esas situaciones pueden ser distintas pero con algunas semejanzas comunes.

> *La democracia en España es como un adulto joven que empieza a creer que tiene algunas cosas claras pero con muchas dudas; que desea ser más independiente aunque sabe que aún no se debe ir de casa.*

Es evidente que se están comparando categorías completamente distintas: un país y una persona. Nada, por tanto, que ver. Sin embargo, se ve claro el objetivo último de la comparación; al margen de que tiene una fuerza emocional notable. Es una analogía literaria.

También se pueden comparar dos periodos históricos.

> *La amenaza y el miedo que ahora sienten los franceses son como los que sentimos los españoles hace diez años cuando los terroristas islamistas atentaron en Madrid.*

O también se puede hacer, que es lo más habitual, una comparación tal cual, sin carga literaria como la primera ni referencias históricas como la segunda. O sea, la comparación por excelencia.

> *Ni Estados Unidos ni Japón han salido de una recesión con recortes y subidas de impuestos a la vez, por lo que España tampoco saldrá.*

La clave para que funcione un argumento por analogía es comprobar si las circunstancias son comparables y en qué medida. Cuantas más semejanzas existan entre las situaciones que se comparan y menos diferencias haya, más fuerza tendrá el argumento. "Por el mismo motivo" o "por la misma razón" es la expresión que contempla quien utiliza el argumento por analogía. Lo que hay que verificar, por tanto, es si el motivo y la razón son fundamentalmente los mismos en la comparación. Puede ocurrir que lo comparado no sea igual entre ambas circunstancias sino que una sea mayor o menor que la otra.

> *Estados Unidos no ha salido de la crisis con recortes y subidas de impuestos. España, con menor motivo.*

Estamos haciendo una comparación pero en este argumento asumimos que, aunque las categorías comparadas son iguales, las circunstancias que rodean la situación similar incorporan algunos detalles que las diferencian. En este caso, al comparar con España, se asume que si no lo ha conseguido un país que, probablemente tenga más recursos, otras alternativas, más potencial, España no sólo no está en la misma situación (y por tanto tampoco lo conseguirá) sino que incluso lo tiene más difícil (por tanto, menor motivo para asumir que lo conseguirá).

Una variante sería:

> *Si un concejal dimite cuando está imputado en un caso de corrupción, el alcalde con mayor motivo.*

[95]

Es decir, hay más razones (responsabilidad, trascendencia, ejemplo) para pensar que debe ser así en la comparación de dos circunstancias iguales (la dimisión por la imputación) entre dos categorías idénticas (dos políticos, pero de diferente 'rango').

Cuando leamos o escuchemos en una tertulia o en un debate un argumento de analogía sabremos si está bien construido si comprobamos que los casos comparados sean parecidos, que se describan las características que se comparan y que sean menos relevantes las diferencias que las semejanzas. Respecto al parecido de los casos, no se trata de que sean exactamente iguales, pero al menos sí deben reunir suficientes similitudes que los hagan equiparables; sobre todo, en las cuestiones que son esenciales. Aplicar el sentido común puede ayudarnos a establecer qué son cuestiones esenciales. Si se quiere implantar una ley para reducir la delincuencia en el municipio de Parla y se argumenta que esa misma ley ha tenido éxito en Nueva York, parece evidente que no hemos tenido en cuenta criterios sustanciales como el número de habitantes, la concentración de población, los riesgos objetivos… Y muchas otras consideraciones que hacen que Parla nada tenga que ver con Nueva York.

Parece lógico que las características que se comparan están bien claras. Pero cuando se manejan estadísticas se corre el riesgo de equiparar casos o situaciones utilizando criterios cuantitativos, que pueden ser similares o incluso exactos, pero que cualitativamente no tienen nada que ver unos con otros. Podemos argumentar que una política determinada ha sido útil para reducir el desempleo en cinco puntos y sugerir su implantación en otra región con el mismo nivel de paro. Sin embargo, lo fundamental en este caso no es que las dos regiones tengan el mismo nivel de desempleo sino que las personas que no encuentran trabajo tengan parecidos perfiles. Una política determinada que consigue reducir el desempleo en una región en la que los parados son principalmente jóvenes puede no conseguir los mismos resultados que en otra en la que los parados superen los 40 años, aunque en ambas regiones la tasa de desempleo sea exactamente la misma.

Finalmente, y aunque pueda parecer de puro sentido común, las diferencias entre las dos situaciones que se comparan tienen que ser menos relevantes que las semejanzas. Es decir, que no afecten a la comparación, al menos de forma sustancial. Olvidar o ignorar diferencias que ponen en cuestión la comparación no es algo infrecuente, sobre todo cuando se pretende manipular una analogía porque no se busca abordar la cuestión en sí sino conseguir la adhesión.

Cuando hace unos meses Syriza alcanzó en Grecia casi la mayoría absoluta, las comparaciones con España fueron constantes. Los parecidos sobre los que se sostenía la analogía eran: los recortes por imposición de la Unión, la presencia de un partido parecido a Podemos y el hartazgo de una parte importante de la población. No se reparó en que en Grecia se habían producido dos rescates y en España uno "parcial"; que en Grecia la corrupción estaba institucionalizada y en España no; que en Grecia el partido que ganó se define como 'izquierda radical' y Podemos como ¿?; que la tercera fuerza es un partido nazi y en España no existe. ¿Son poco relevantes estas diferencias? Aquí encontramos una debilidad en el argumento. O sea, una falacia. Concretamente, la denominada **falsa analogía,** en la que se incurre cuando se comparan realidades que no son comparables o, sencillamente, las diferencias entre ambas son más importantes que las similitudes, que es lo que permite respaldar la conclusión. Un ejemplo que firma Ana Botella:

> *El matrimonio entre homosexuales es tratar de la misma manera lo que es diferente. Si se suman dos manzanas, pues dan dos manzanas, y si se suman una manzana y una pera, nunca pueden dar dos manzanas porque son componentes distintos. Hombre y mujer es una cosa, que es el matrimonio, y dos hombres o dos mujeres serán otra cosa distinta.*

Pocos comentarios se pueden hacer a esta falsa analogía (equiparar una pareja homosexual con dos manzanas) que, además de ser un despropósito argumental, está expuesta de forma tan burda que revela el nivel de quien la expone. Por otra parte, que un hombre y una mujer es una cosa y dos hombres o dos mujeres es otra podría ser una falacia de petición de principio, si no fuera porque se trata de un argumento *ad hominem* encubierto (de los que hablaremos en el siguiente capítulo).

La analogía histórica también puede ser falaz.

> *Si España se supo reponer tras un siglo XIX muy convulso y si supo salir adelante después de la guerra, también sabrá hacer frente a la crisis económica.*

Aún ofreciendo dos ejemplos referidos a un mismo país, se mezclan realidades muy distintas, en contextos marcadamente diferentes y rodeados de circunstancias que nada tienen que ver con la actual. Es probable que esta analogía busque incidir en la idea de la capacidad para reponerse de un país. En todo caso, sería una interpretación benevolente de una analogía que compara momentos en la historia de España totalmente diferentes.

El **argumento causal** es, quizá, el tipo de argumento más utilizado en el ámbito político. La estructura puede seguir dos direcciones: ir de la causa al efecto, o del efecto a la causa.

> *El Gobierno ha subido los impuestos y la gente lo está pasando mal.*

Los ciudadanos votarán por el cambio porque están cansados de tanto bipartidismo de la casta. (En este caso hay, además, una falacia: la generalización precipitada. Sobre ello trataremos más adelante).

La relación que se puede establecer entre la causa y el efecto puede ser suficiente, necesaria o ambas. Entendemos por condición suficiente aquella que garantiza la producción de un efecto.

Algunos votantes del PP están molestos porque ha incumplido su programa.

Parece claro que incumplir un programa electoral es una condición suficiente para provocar el enfado de quienes han dado su voto a esa formación. Sin embargo, no es una condición necesaria, toda vez que su enfado lo pueden provocar otras causas.

La condición necesaria es aquella que es imprescindible para que se produzca el efecto, lo cual no significa que, en caso de que se dé una se vaya a originar el otro. A menudo se identifica porque quien habla o escribe se refiere a "condición sine qua non". Es la misma.

Pablo Iglesias será el próximo presidente del gobierno porque los ciudadanos están cansados del PP y del PSOE.

En este caso, es evidente que el hartazgo (o decepción, o desconfianza, o aburrimiento, o llámese como se quiera) de los ciudadanos respecto a los socialistas y populares es una condición necesaria para que una nueva formación llegue al poder. Si no lo estuvieran, no habría motivo/causa para que lo alcanzara. Sin embargo, no es una condición suficiente. Por muy hartos que estén los ciudadanos, si no votan masivamente y lo hacen a su formación, si no se confirma el trasvase de votos de otros partidos, o quizá si no obtiene una mayoría absoluta que anule un posible pacto entre PP y PSOE, aunque pierdan las elecciones, entonces no será el nuevo presidente del país.

La condición puede ser también las dos cosas: o sea, necesaria y suficiente.

La subida de impuestos implica que los ciudadanos dispondrán de menos dinero para el consumo o para el ahorro.

Como se habrá observado, todas las condiciones suficientes son necesarias; pero no todas las condiciones necesarias son suficientes.

Para saber si un argumento causal está bien construido, además de tener la certeza de que la causa es necesaria y suficiente para producir el efecto, debemos estar seguros de que el efecto se produce después de la causa.

Puede parecer una estupidez plantear esta cuestión para comprobar la validez de un argumento causal pero, como no cuesta nada, mejor tener la certeza de que la causa va a antes y el efecto después. En todo caso, que haya cosas que pasen después de otras no implica necesariamente que estas otras sean la causa de aquellas. Estableceríamos en ese caso una falsa correlación. O sea, una falacia. Por ejemplo: meses después del 'incidente/accidente' de Botsuana, el Rey renunció al trono. Que la renuncia haya ocurrido después no significa necesariamente que lo que pasó en la cacería haya sido la causa. Quizá la causa de su renuncia haya que buscarla en otro lado o, en todo caso, sea tan sólo una de ellas, pero no la única.

También debemos comprobar si la relación entre la causa y el efecto es consistente. No se trata de probar que siempre que se dé una causa determinada se produzca siempre el mismo efecto. Se trata más bien de asegurarse de que la mayoría de las veces ocurre así. En estos años de crisis se han escuchado y leído argumentos causales que son un despropósito. La crisis parecía ser la coartada de cualquier cosa, la causa de todo lo probable y lo improbable. Por ejemplo, para asegurar que la crisis es la causa del aumento de la delincuencia hay que tener la prudencia de comprobar si la delincuencia ha aumentado en situaciones de bonanza económica. Si es así, quizá la relación causal no sea consistente porque la crisis no sea exclusivamente la causa sino uno de los factores que pueden coadyuvar, que no es lo mismo.

Por eso resulta importante verificar que la relación entre la causa y el efecto es contundente. No es suficiente que pueda haber una relación o cierta relación. La relación debe ser fuerte. Dicho de otra manera, cómo se comporta el efecto cuando está presente la causa que alegamos en relación a cuando no está presente. De esta forma, podemos conocer la fortaleza de la relación entre la causa y el efecto.

Tampoco está de más comprobar si la relación entre la causa y el efecto es razonable con arreglo a otras evidencias ya conocidas. Por ejemplo: estudios, informes, estadísticas solventes y ya conocidas que vayan en la misma dirección.

Cuando fallan estas relaciones de causa y efecto entre premisas y conclusión, cuando no son consistentes, tenemos razones para pensar que probablemente haya alguna falacia en el argumento. La más común se denomina **Post hoc ergo propter hoc**. Traducido: (si se produce) después de esto, entonces (es) a consecuencia de esto. Esta falacia consiste en establecer erróneamente una relación entre la causa y el efecto porque la causa es cuestionable. Es decir, puede ser la que provoque el efecto o no. Se produce una correlación que no está bien fundada. Y puede ocurrir porque simplemente se trate de una coincidencia.

*La natalidad ha aumentado desde que el PP
llegó al poder.*

Como es evidente, que nazcan más niños tiene poco que ver con que gobierne uno y otro. En todo caso, guardará relación con el efecto de determinadas políticas. Pero no es lo que se mantiene en esta proposición, que es falaz. Se trata de una coincidencia que se esgrime en forma de argumento causal. Argumento absurdo, por otra parte.

También puede darse porque se confunda la causa con el efecto A finales de 2014, Izquierda Unida de Andalucía anunció que en junio de 2015 haría un 'referendum' entre sus bases para decidir si seguían apoyando o no al gobierno socialista de Susana Díaz, lo que generó una más que evidente inestabilidad política en la región aunque también en el PSOE. A la presidenta le vino bien el anuncio; era la excusa para el adelanto de unas elecciones y una coartada para otros intereses. A finales de enero, el portavoz de IU en el parlamento andaluz dijo:

> *Si se rompe unilateralmente el acuerdo de gobierno, se abre un formidable ciclo de inestabilidad política en nuestra tierra que alguien tendrá que explicar.*

No. La inestabilidad política no es el efecto; es la causa. O también se puede producir porque se omitan circunstancias que permiten pasar de la causa al efecto.

*El número de delitos en España ha aumentado
a la vez que aumentaba la crisis. Por tanto la
crisis ha incrementado la delincuencia.*

Este es un ejemplo de una variante de la falacia que estamos contemplando. Se denomina **Cum hoc ergo propter hoc.** Traducido: (si se produce) con esto, entonces (es) a consecuencia de esto. Que dos cosas estén asociadas o sucedan juntas no implica necesariamente que una sea la causa de la otra. Esta falacia confunde correlación y causalidad. Son dos términos distintos.

Respecto al argumento referido, la crisis puede provocar que haya gente que lo pase mal. Esta gente puede necesitar buscar recursos para poder llegar a fin de mes. Parte de esa gente, en vez de utilizar las ayudas (muchas o pocas) que ofrezca la Administración o las organizaciones no gubernamentales puede pensar que robar es la solución, y algunos pueden hacerlo. Pero hay un trecho notable que se omite cuando de la crisis se pretende pasar a la delincuencia obviando los condicionantes que permiten progresar al argumento.

"Una cosa lleva a la otra, y la otra a la otra…" ¿Le suena? Pues tiene toda la pinta de falacia, a partir de relaciones causales (causa–efecto) que no están debidamente justificadas. En realidad cuando se incurre en ésta, que se llama **de la cuesta resbaladiza**, el final de todo siempre es terrible. Es un argumento que falla porque distorsiona las cosas.

Si empezamos dejando entrar a los emigrantes sin ningún criterio, luego ocuparán determinados barrios; si ocupan los barrios, con el tiempo se harán con las ciudades; y cuando ya tengan las ciudades al final en España habrá de todo menos españoles.

¡Hombre! Igual se le ha ido un poquito la mano en las relaciones ¿no?

Otro, que de estos hay muchos (sobre todo en campaña).

Si gana Podemos ya han dicho que limitarían el derecho a la propiedad. Luego seguirán con otros que no les gusten hasta suprimirlos todos. Un Estado que no respete los derechos no puede estar en la Unión Europea. Al final, nos convertiremos en un país bolivariano y nuestros aliados serán Venezuela, Bolivia y Ecuador.

¡Venga! Y España no acabará siendo el comienzo del final del mundo porque igual parece ya un poco exagerado. Aún suponiendo que la premisa con la que se inicia el argumento sea cierta, eso no significa que necesariamente vaya a ocurrir lo otro. Un aspecto fundamental que se debe tener en cuenta cuando se cultiva el pensamiento crítico es: que las cosas puedan ocurrir no significa necesariamente que ocurran.

Casi a menudo, cuando se 'argumenta' de esta manera estableciendo efectos de malos a terribles, e infundados, a partir de una causa concreta se pretende desalentar determinadas propuestas. En el primer caso, la apertura de las fronteras a los emigrantes; en el segundo, la votación a Podemos. Hace algunos años, cuando no era tan extraño que se produjeran casos de muertes por sobredosis de heroína, no era infrecuente escuchar: "Ése empezó fumando cigarrillos". Lo mismo aunque en este caso resulta más terrible, entre otras cosas, porque se omiten los pasos intermedios (que, imagino, serían: luego fumas porros; después te metes unas rayas y acabas pinchándote. En fin).

Si esta ensoñación argumental, en vez de provocar "terrible sufrimiento" (como el mayorista de una serie de televisión), generara el mayor de los placeres, la situación más agradable, también sería una falacia, de nombre más chic: **wishful thinking**. O sea, la confusión de los deseos con la realidad. Antoñita la fantástica.

> *Si subimos los impuestos podremos invertir en parques; así los niños podrán salir de sus casas a jugar; serán más felices; recuperaremos los barrios y desaparecerá la delincuencia.*

¿Qué le parece? Y todo por hacer algún parque. En la Comunidad de Madrid se escuchó algo parecido y, también en el sentido contrario, cuando el magnate Adelson prometió lo que luego no cumplió, o cuando nos dijeron que había prometido lo que luego no cumplió. Que parece que es lo mismo, pero nada que ver. Para unos, con la construcción de unos hoteles y casinos en Alcorcón faltaba poco para conseguir la paz en el mundo. Para otros, el mismísimo Lucifer iba a convertir la zona en el más negro agujero de corrupción, vicio, prostitución y no sé cuántas cosas más, pero todas terribles. Ni todo tan *flower power*; ni todo tan tremendista.

En el mes de enero de 2014, la empresa Repsol comunicó que lo que había encontrado en las prospecciones petrolíferas a unos kilómetros de Canarias era gas de poca calidad. Meses antes la polémica había sido intensa. Un presidente de la Comunidad en horas bajas vio en el asunto la posibilidad de hacer campaña. Así que de las prospecciones (sin ni siquiera saber lo que se iba a encontrar), él ya concluía que implicaría un cambio de modelo turístico, de la política medioambiental; que eso llevaría a tener menos visitantes, por lo tanto a tener más paro y casi casi a que las islas se despoblaran. Para el ministro del ramo, también canario, aquello era la solución a todos los males que aquejaban a las Canarias y a España, incluso.

El argumento por generalización (también se denomina por el ejemplo) es la forma de argumentación –y de razonamiento– típicamente inductiva. Se parte de una serie de casos y se llega a una conclusión o proposición de carácter general. No tenemos en cuenta las excepciones si las hubiera. Hacemos una regla de los casos que hemos contemplado.

> *En todas las elecciones generales desde la Transición, menos en dos, ha ganado el PP o el PSOE. España es un país bipartidista.*

En este caso la generalización es exhaustiva. Podría parecer que no, por la expresión 'menos en dos', pero esa excepción es la evidencia de que se ha revisado el resultado de todos los procesos electorales. Por tanto, es completa. Otro ejemplo:

> *Todos los discursos de Navidad pronunciados por el Rey apelan a la unidad.*

Para poder utilizar un argumento por generalización es necesario que los ejemplos cumplan con las consideraciones realizadas cuando abordamos la estadística, como uno de los métodos de evidencia más utilizados en el ámbito político. Para hacer ver hasta qué punto incide la crisis en los españoles no podemos utilizar una encuesta que refleje que el ritmo de compras ha disminuido entre los vecinos de La Moraleja.

Para probar la validez de un argumento por generalización debemos comprobar que los ejemplos sean suficientes y representativos. Suficientes, porque ya hemos visto que no es posible utilizar un argumento por generalización a partir de dos o tres casos que se nos ocurran, que conozcamos o que hayamos vivido. Para esgrimir un argumento de estas características la cantidad a partir de la cual generalizamos es fundamental. Pero no basta con que los ejemplos sean suficientes en cuanto al número; también deben ser representativos. Siempre con relación a aquello sobre lo que se establece la generalización. Si los ejemplos sesgan la realidad que se pretende generalizar, por muchos que sean no servirán de nada.

Podemos encontrar hasta cinco tipos de falacias relacionadas con las generalizaciones. La **falacia de la generalización precipitada**. No hay que ser un lince para suponer el significado. Efectivamente, se generaliza demasiado rápido y, lo más importante, a partir de casos que son insuficientes. Se ha convertido en un verdadero clásico en estos últimos años de tensión política, crisis económica y escándalos de corrupción.

> *Hay casos de corrupción en Andalucía, Valencia, Baleares, Madrid y Cataluña. España es un país corrupto.*

Ya será menos. Para empezar son cinco comunidades y en España (de momento) hay 17. La cantidad de ejemplos no parece significativa como para llegar a la conclusión de que todo el país es corrupto. Hay una variable, quizá más sangrante y que parece haberse asentado como una realidad científicamente probada (como la eficacia de algún detergente)

Si es que todos los políticos son iguales
Todos son unos corruptos.

(Piensa quien ve los informativos, las tertulias, escucha determinados programas...) Se olvida, quizá, que la justificación de esos programas de actualidad radica en centrarse en lo que es noticia y no en la radiografía sensata y sopesada de la realidad a la que se refieren. No es su función. Por eso lo que dicen no es todo lo que hay. Tampoco pueden contar que la mayoría de las cosas que pasan no tienen ninguna gracia. Por eso no son noticia; porque son normales. O sea, porque no habría programa ni tertulia. ¿Hay bastantes políticos implicados en casos de corrupción? Sí. ¿Hay más de los que sería razonable? También. ¿Todos? Bajo ningún concepto. Es una generalización precipitada.

Otra derivada, muy de moda, es la generalización precipitada con un puntito de ad homimen en forma de descalificación.

Todos son casta.

Habida cuenta de que la mayor parte de los españoles ya ha escuchado este término, sobreentiende lo que significa (a pesar de que quienes han 'registrado' la marca han dado hasta tres definiciones distintas – que yo haya contado, al menos), concluye que se refiere al PP y al PSOE y no tiene dudas para afirmar que tanto unos como otros son corruptos… pues adelante. Así es más fácil; así se piensa menos: así se asienta la simpleza.

Igual que existe una generalización precipitada, encontramos también la conclusión exagerada. (Habrá ido comprobando que quienes acuñaron las definiciones de las falacias no perdieron mucho tiempo). Se incurre en este argumento falaz cuando llegamos a conclusiones que van más allá de lo que indican las evidencias.

La participación para la elección de los órganos directivos de Podemos ha sido muy baja. Se ve que está perdiendo fuelle.

¿De verdad cree que una formación deja de ser atractiva porque el personal no se implique en la elección de la dirección? Entonces quizá no haya entendido nada. No hay ninguna relación en tomar parte activa de una formación y en los votos que pueda recibir cuando se presente a unas elecciones generales. La baja participación interna podría servir para concluir que la gente puede estar ilusionada con sus propuestas (las que sean) pero no tanto como para implicarse en el día a día del partido. Eso sería una conclusión exagerada. Otro:

*El 57% de los europeos no votaron en las úl-
timas elecciones al Parlamento Europeo. Esto
demuestra que a la gente no le interesa su futuro.*

En fin. Menos mal que no se concluye que a la gente
no le interesa vivir… En realidad, que haya una participación baja (quizá no tanto si se tiene en cuenta el histó-
rico de participación en los comicios europeos) sirve para
concluir que la Unión Europea no se ha esforzado lo suficiente por comunicar la trascendencia de estas elecciones. Si ese porcentaje conociera hasta qué punto es
determinante lo que se aprueba en ese Parlamento, quizá
decidirían votar. Pero también es posible que lo sepan y
que conscientemente no deseen participar porque no
comparten el sistema, lo que no significa que no les interese el futuro de su país en el marco de la Unión. Y un
tercero:

*Todos los dirigentes de Podemos son profesores
universitarios. Sabrán gobernar España.*

¡Si yo le contara! El hecho de que sean profesores universitarios puede servir, en el mejor de los casos, de in-
dicio. Hace el asunto más probable; pero bajo ningún
concepto lo garantiza. Igual que ocurre con los alumnos,
hay profesores que pasan por la universidad pero no parece que la universidad pase por ellos. Tener una buena
formación debería ser una condición necesaria, siendo

optimistas, para dirigir un país; pero no suficiente. Por otra parte, ¿quiere que le recuerde la relación de presidentes que han dirigido el país, la formación que tenían, y lo que han hecho? Pues ojo con estas conclusiones que van más allá de donde permiten llegar las evidencias. Una más:

> *Cataluña quiere seguir formando parte de España. Sólo un 33 por ciento votó en la consulta popular del 9 N.*

Quizá sea así, pero esa conclusión es excesiva a partir de los datos de una consulta no vinculante. Además de la personificación – Cataluña en lugar de los catalanes– (que le da una carga entre romántica y terrible) puede no interesar la independencia tal y como está planteada; o liderada por determinadas formaciones; o no interesarles ahora pero después sí. O quizá lo que no les interesa es un circo porque piensan que la independencia es algo mucho más serio. O incluso que seguir formando parte de España es un mal menor; lo que no supone que se quiera, sino que no hay otro remedio. O, finalmente, quieren pero con condiciones.

Otra forma de falacia en las generalizaciones consiste en centrarse en las excepciones de una regla. Como es bien sabido, toda regla tiene excepciones. De hecho, se dice que "la excepción confirma la regla". En realidad, no la confirma; precisamente la cuestiona: pero ése es otro tema. En todo caso, la falacia casuística generaliza a partir de las excepciones. Más que un argumento falaz es una aberración en toda regla.

> *¿Quiénes cometieron los atentados en París?*
> *Terroristas islamistas.*
> *¿Lo ves? Musulmanes. Pero seguro que habrá alguno que diga que son gente decente y pacífica.*

Cuando esas excepciones a una regla se utilizan no para generalizar sino para rechazar la propia regla, también hay falacia. Se llama del embudo. Muy visual. Lo ancho para mí y lo estrecho para el resto.

> *Además de las grandes empresas también hay gente normal y corriente como tú o como yo que si puede no pide factura para no pagar el IVA. Y eso también es fraude.*
> *Ya, pero eso es diferente.*

Hay no pocas generalizaciones que están más basadas en prejuicios y en estereotipos que en el resultado de un trabajo analítico y de observación imparcial y desinteresada. Muchas se refieren a personas, etnias… La falacia del pensamiento estereotípico define a una persona o a un grupo precisamente con esa débil 'razón'.

> *Los del PP son todos de misa de 12.*

El **argumento condicional**, como su propia denominación indica, es un argumento en el que si se dan determinadas condiciones (suficientes y necesarias) quedará soportada la conclusión. 'Si'(precediendo el antecedente) y 'entonces'(precediendo el consecuente) nos indican que estamos ante un argumento condicional.

> *Si se mantiene la imputación a la Infanta, se tendrá que sentar en el banquillo.*
> *El Gobierno perderá las elecciones si no reacciona con rapidez y contundencia ante los escándalos de corrupción.*

Vemos que el antecedente puede ir antes o después que el consecuente y que no es estrictamente necesario que el término 'entonces' esté explícito. Como se puede comprobar en los ejemplos, las dos exigencias para que este argumento esté bien formulado son sencillas: si se afirma el antecedente (la condición), siempre se justificará el consecuente (la proposición); y si se niega el consecuente también se negará el antecedente.

Hay veces en las que la premisa que establece la condición, tampoco se explicita: simplemente aparece la proposición que se mantiene.

> *Te arriesgas a perder las elecciones* (si haces o dices esto o aquello).

Para probar la validez de un argumento condicional debemos tener muy claro, como en otros argumentos que ya hemos visto, si las condiciones que se presentan son necesarias y suficientes. Este argumento, como los otros, también presenta algunas falacias asociadas. Se producen cuando no se cumplen algunas de las exigencias que hemos mencionado. En el argumento condicional si se afirma el antecedente, se afirma el consecuente. La falacia de negar antecedente consiste precisamente en negarlo y pretender que entonces también se niega el consecuente. Sin embargo, se olvida en esta falacia que el antecedente refiere a una condición suficiente, pero no necesaria. Aunque no se dé una condición suficiente no significa que no se pueda dar una condición necesaria. Veamos este ejemplo:

> *Si Podemos gana las elecciones tendremos*
> *problemas económicos.*
> *Podemos no ha ganado las elecciones.*
> *Por tanto, no tendremos problemas económicos.*

Que Podemos gane las elecciones puede ser una condición suficiente (y para algunos, quizá sea mucho decir) para que se produzcan problemas económicos. En realidad, no el hecho de que ganen sino la desconfianza que pueda provocar en los mercados y que se pueda traducir en un menor compromiso con España. Pero no es necesaria. No es posible – ni sensato– concluir que el país no tendrá problemas económicos si Podemos no llega a La

Moncloa. Los problemas no vienen solo de la incertidumbre que pudiera generar esta formación. De hecho, en 2007 ni existía y ya se ve si hubo o no problemas económicos.

Siguiendo el mismo criterio que la anterior, si la falacia del antecedente consistía en negarlo cuando el argumento consiste en afirmarlo, la falacia del consecuente consiste en afirmarlo, cuando el argumento no falaz consiste en negarlo. Dicho de otro modo: la verdad de las dos premisas no implica la verdad de la conclusión.

> *Si un partido gana las elecciones entonces gobernará el país.*
> *El PP gobierna el país.*
> *Luego, el PP ha ganado las elecciones.*

No es necesario recordar que los pactos entre partidos pueden hacer que quien gane las elecciones no gobierne y que quien las ha perdido – como resultado de las negociaciones postelectorales– acabe gobernando.

11. ALGO NO CUADRA: LAS FALACIAS

Una falacia es un error en el razonamiento; una debilidad en el argumento. Las premisas no respaldan la conclusión aunque dan la sensación de que sí lo hacen. Las falacias tienen un alto poder persuasivo porque parecen argumentos contundentes pero no lo son y facilitan que quien las lee o las escucha relaje las barreras del pensamiento crítico. Parecen lógicas, incuestionables, pero sólo porque no nos paramos a pensar. Por eso, un buen pensador crítico debe ser escéptico; debe dudar incluso de los argumentos aparentemente bien expuestos y contundentes hasta no verificar que lo están y que lo son.

Las tertulias de televisión, los mítines, las declaraciones de los políticos y de no pocos periodistas son una fuente inagotable de falacias. Una orgía de debilidades argumentales que, a menudo, se cuelan de rondón.

Una falacia es aquello que viola las reglas de la lógica formal. Pero, como se ha dicho, éste no es un texto de lógica formal. Falacia es un error que se produce en el paso de las evidencias a la conclusión por falta de claridad, de relevancia, de precisión, de suficiencia y que hacen que el argumento no sea razonable. Desde nuestra perspectiva, es aquello que lleva a la audiencia a pensar lo que no debería si aplicara el pensamiento crítico, si se atuviera al análisis reflexivo de lo que escucha o de lo que lee.

En la literatura sobre pensamiento crítico y argumentación se pueden encontrar diferentes formas de clasificar las falacias: hay autores que no establecen distinción entre ellas; otros las enmarcan según aquello que tienen en común; otros establecen una división teniendo en cuenta qué parte del argumento se encuentra afectada por esa debilidad.

Aunque en el capítulo anterior ya hicimos referencia a las falacias más comunes relacionadas con los cuatro argumentos más habituales, ahora agruparemos otras – que se pueden encontrar en diferentes tipos de argumentos– considerando la característica que las define, el rasgo sustancial que comparten: **irrelevancia, distorsión, redundancia, imprecisión, gratuidad.** Insistimos en que esta clasificación es tan válida como cualquier otra y, seguramente, igual de discutible. Algunas de las que se incluyen en un grupo podrían estar en otro, porque comparten un rasgo fundamental; o en varios a la vez. Pero para no crear confusión aparecerán sólo en uno.

Sobre lo que no parece haber demasiadas dudas es que la mayor parte de las falacias se producen en lo que se denomina las 'garantías'. Es decir, en el paso de las evidencias o datos a la conclusión.

En todo caso, no hay que perder de vista dos consideraciones: la primera, algunas de las falacias se pueden producir en diferentes partes del argumento; la segunda, un mismo argumento puede referir varias falacias a la vez. No conviene agobiarse con la denominación de cada una porque hay algunas que reciben hasta cuatro nombres distintos. Por eso, mejor no obsesionarse con enmarcarlas en tipologías ni con el nombre: lo que se debe hacer es, simplemente, detectarlas y refutarlas.

a. Eso no es relevante.
La mayoría de las debilidades argumentales suelen adolecer de relevancia. Algunas de ellas buscan, incluso, no entrar en la cuestión sino evitarla. No se trata, pues, de un error en el razonamiento, de una falla en el paso de las evidencias a la conclusión. Lo primero que hay que hacer al analizar un argumento es si va a la cuestión, si se centra en el tema o lo elude. Este es el primer paso. Una vez se tenga la certeza de que el argumento analizado procede, porque se centra en la cuestión, es el mo-

mento de detectar si las falacias se encuentran (en caso de que las hubiera) en las evidencias, o en las garantías (en el paso de las evidencias a la conclusión, donde normalmente se suelen dar si no se ha incurrido en la previa: o sea en la elusión de la cuestión).

La **falacia ad hominem** –un clásico en las tertulias, en los debates y en el discurso político– evita la argumentación sobre el asunto para atacar o cuestionar a quien discute sobre él. Quien lo utiliza no argumenta sobre la cuestión sino que busca descalificar al contrario. Es un intento burdo por desviar la cuestión que está en liza desacreditando a quien argumenta.

> *Dices eso porque eres un fascista.*
> *Eso que usted mantiene es una barbaridad*
> *porque es lo mismo que dicen los terroristas.*

En estos ejemplos sólo se pretende desacreditar; resultan ofensivos. En el primero se califica indirectamente de 'fascista' a quien sostiene determinada proposición.

El segundo, o bien quiere establecer una asociación entre lo que se mantiene y los terroristas (lo que bien podría suponer un motivo de agravio para cualquiera que sea decente) o bien se quiere desprestigiar un argumento a partir de la idea de que los terroristas piensan igual. Se trata de una variante de la falacia ad hominem denominada 'culpable por asociación'. Es decir, se pretende que lo que mantiene debe ser negativo porque se asocia con otros grupos o personas que son vistas, igualmente, de forma negativa. Ocurrió cuando Syriza ganó las elecciones. Uno de los que se alegraron fue Arnaldo Otegi. En un programa nocturno de análisis político, una colaboradora, para probar que no había motivos para la alegría por esa victoria, mostró una imagen del tweet de Otegi felicitándose por los resultados de la izquierda radical giega y añadió, con ánimo de criticar, la potencial relación entre la formación griega y Podemos,

> *Si estos son los que se alegran cuando gana Syriza entonces ya sabemos quiénes quieren que gane Podemos.*

Éste me tocó a mí. En una tertulia de televisión yo cuestionaba la política económica del gobierno. Tras finalizar la intervención, otro contertulio espetó en tono irónico:

> *¡Qué gran ministro de Economía se ha perdido España!*

Como se ve, las ironías con intención de desacreditar pueden ser más o menos indirectas. Se pueden referir a la persona, a sus intereses, a su pasado... En este caso hay una clara elusión del tema. Distorsionar o ridiculizar un argumento implica perder la oportunidad para descubrir si hay algo de cierto en él, que es lo que busca finalmente el pensamiento crítico. Es una tentación y una práctica demasiado habitual que busca el efectismo y una victoria en el debate… pero sólo formal.

La falta de coherencia se suele achacar con frecuencia al contrario en el debate político.

> *Tiene gracia que apoye el derecho de los trabajadores cuando hace unos años aprobó una reforma que los limitaba.*

Sin embargo, lo que uno haya hecho o dejado de hacer no invalida de ningún modo lo que pueda argumentar sobre una cuestión, salvo que el tema de discusión sea la coherencia de tal o cual político (debate poco frecuente aunque permanentemente presente, pero con la idea de desviar el objeto de atención mediante el ataque). Es más, en el caso que hemos referido, pretender que las cosas sean iguales hoy que hace años no parece muy sensato; con el mismo criterio, suponer que uno piensa hoy lo mismo que hace unos años o que defiende las mismas posiciones por las mismas razones, tampoco resulta razonable. Se denomina falacia ad hominem circunstancial.

Una variedad de esta falacia es la denominada **'tu quoque'**. Aunque la traducción significa 'y tú también' se suele identificar con una expresión muy habitual: "Pues anda que tú". Estamos ante un argumento que evita la cuestión, la rehúye, por medio del ataque personal. En este caso, se cuestiona a quien lo propone porque no hace o dice lo que él mismo propone. Se critica la falta de coherencia; el no ser consecuente.

El PP es el único partido que ha aprobado leyes por la transparencia y contra la corrupción.
Ustedes tienen en sus filas condenados por la trama Gurtel.
Y ustedes por Filesa, Malesa, por los ERE de Andalucía, por los cursos de formación.

Da una extraordinaria pereza intelectual escuchar este tipo de contraargumento que no entra en la cuestión, en este caso, sobre si es cierto o no lo que se afirma en la primera proposición. El primer contraargumento contiene una pista falsa y una falacia ad homimen. Y el segundo, una falacia ad homimen (que busca igualmente desacreditar) y otra del tipo "y tú más".

Si nos seguimos fijando en las falacias que nos sacan del tema en cuestión, que eluden el punto y, por tanto, hacen que el argumento adolezca de relevancia, nos encontramos con la **falacia genética**. Se utiliza cuando en vez de cuestionar el argumento en sí se critica el origen o la génesis de un argumento. Cómo hayan sido las cosas no tiene necesariamente que ver con cómo son; no existe necesariamente una relación causal.

Si fue incapaz de dirigir una asociación cuando era joven ¿cómo va a saber ahora gobernar un país?

Pues porque las cosas, y las vidas, cambian. La falta de destreza que se haya tenido hace 30 años no condiciona el criterio para actuar adecuadamente 30 años después; entre otras cosas, porque supondría dar por sentado que la vida, los estudios, la experiencia y la madurez (entre otros factores) son irrelevantes.

Una de las técnicas o errores (dependiendo de la intencionalidad de quien habla o escribe) más habituales cuando se argumenta es el uso de los sentimientos. No está mal necesariamente. El problema surge cuando se pretende sustituir las razones por las emociones. Es la **falacia del sofisma patético.** Carece de relevancia para sostener la conclusión. Se utiliza para dar la sensación de que se entra en la argumentación pero no hay datos; simplemente, apelaciones de carácter emocional. En esta falacia no fallan las garantías porque no hay evidencias.

Me dolería que no votaras al único partido que nos puede sacar de esta situación.

Por muy doloroso que resulte, esto es una solemne memez. Sobra el dolor y faltan datos. Sobran emociones y faltan evidencias. Este argumento no justifica por qué se debe votar a esa formación (más allá de que no hacerlo hiera los sentimientos de quien pretende condicionar de forma tan baja).

El sofisma patético evita argumentar pero quiere convencer, aunque sin aportar datos.

> *Los mercados tienen miedo de que lleguemos a gobernar. Miedo es lo que uno siente cuando ve que las familias no llegan a fin de mes ni tienen qué comer.*

En vez de argumentar la proposición, se sale del tema con la apariencia de seguir dentro de él por el uso de un término ('miedo') que hace de enlace entre ambas afirmaciones y que establece una relación ficticia entre las dos, aunque de forma engañosa. No prueba la verdad o falsedad de la afirmación y recurre a la emoción apelando de forma metafórica a un sentimiento. No hay, en realidad, motivo para tener miedo de que las familias no lleguen a fin de mes. Lo que da miedo es que eso se pueda producir en un país desarrollado: ése es el sentido de la afirmación, quizá demasiado rebuscado pero era inevitable utilizar el mismo término para dar la sensación de que se contraargumenta.

Si en vez de sustituir la razón por la emoción se sustituye por la coacción o la amenaza de la fuera nos encontramos con en el **argumento ad baculum**. Tampoco se argumenta; no hay razonamiento ni el menor esfuerzo en presentar datos que sostengan una proposición.

> *Somos los empresarios quienes creamos trabajo. El Gobierno sabrá si quiere aprobar una reforma que nos perjudica.*

Es evidente que no hay ningún argumento; 'sólo' una amenaza. Una referencia implícita al miedo como única 'evidencia' para sostener que el gobierno no debe aprobar esa reforma laboral.

En vez de amenazar se puede ser más sutil. Se convence mejor con miel que con hiel. Quien piensa de esta manera prefiere utilizar la apelación a la lealtad. Es una falacia que utiliza el sentimiento de pertenencia a un grupo determinado y, por tanto, a la defensa conjunta de unos intereses: ésa es la única y ultima razón que se ofrece para el respaldo de la proposición. En realidad no entra en el argumento en sí; elude la cuestión. Carece, por tanto, de relevancia. No se esfuerza en aportar datos por lo que no podemos hablar de un razonamiento.

> *Eres militante socialista desde hace más de 20 años; ahora no te puedes pasar a Podemos. Aunque haya habido demasiados casos de corrupción, en los momentos duros debemos estar juntos y seguir votando al PP.*

En fin. Estar juntos, apelar a la lealtad no parece ninguna razón. Hay una intencionalidad claramente emotiva pero ajena a cualquier evidencia que permita respaldar que haya que votar al PP. De nuevo, no se entra en la argumentación aunque pudiera parecerlo. El segundo argumento puede tener una carga emocional notable... pero nada más.

También se puede optar por dar pena. Es el **argumento ad misericordiam**. Apela, por tanto, a las emociones; concretamente, a la piedad, a la misericordia. Igual que los argumentos anteriores, no es relevante. Quien emplea esta falacia no aborda el argumento, no esgrime evidencias para respaldar una conclusión. Pretende soportarla sobre la base exclusivamente de la compasión. Busca, en cierto modo, dar pena.

Quizá me he podido equivocar pero siempre me he dejado la piel por los ciudadanos, he ayudado a quien me lo ha pedido y nunca he pretendido nada a cambio.

Todo eso está muy bien pero no son argumentos que se puedan esgrimir para pedir el voto. Menos aún si lo que oculta 'me he podido equivocar' es un extraordinario escándalo de corrupción.

Pero no todas las falacias que convierten el argumento en poco relevante tienen que ver con las apelaciones emocionales. Hay algunas que, incluso, hasta se camuflan dando la apariencia de un argumento contundente. No lo son. Por ejemplo el **argumento ad populum (o la falacia del consenso).** Se escucha hasta la saciedad… pero carece de relevancia. Si la mayoría hace o dice algo, es que está bien o es verdad. Así de simple.

> *El PP es el único partido capaz de recuperar el país porque once millones de personas que le votaron en las últimas elecciones no pueden estar confundidos.*

Igual convendría volver a preguntarles. El argumento solo es válido para demostrar que ganó las elecciones o que fue el partido más votado. Ni una conclusión más se puede sustentar a partir de la premisa o evidencia "once millones de personas votaron al PP en las últimas elecciones".

> *La mejor forma de Estado es la monarquía parlamentaria porque así lo votó la mayoría de los españoles en 1978.*

Que la mayoría haya optado por esa opción en 1978 no significa ni que sea la mejor (fue, solamente, la que eligieron, y quizá la menos mala entonces dadas las circunstancias) ni tampoco que hoy sigan manteniendo lo mismo.

Una vez más: la cantidad no implica la bondad, ni la conveniencia, ni la verdad. Millones de franceses votaron a un partido xenófobo en las últimas elecciones al Parlamento Europeo y eso no implica que odiar al extranjero sea aceptable ni la mejor manera de entender el mundo.

Cuando falla "la mayoría" siempre nos queda "la tradición". Es decir, si siempre se ha hecho así o ha sido así, es porque está bien. Se llama **argumento ad antiquitatem**.

> *No sé por qué está mal que los senadores no demos explicaciones de los destinos de los viajes a los que tenemos derecho si nunca lo hemos hecho.*

Que algo se haya hecho de una manera durante décadas no es una evidencia para respaldar si algo está bien o mal. Se ha podido estar haciendo algo mal durante décadas, lo que convertiría el argumento en una evidencia de peso para proponer exactamente lo contrario.

> *Los políticos deben jurar su cargo ante una Biblia porque siempre se ha hecho así.*

Hasta que se deje de hacer. En un Estado aconfesional los juramentos se hacen ante la Constitución, no ante un crucifijo. Se podrá decir que eso forma parte de nuestra cultura. En ese caso incurrimos en otra falacia. Ése era uno de los argumentos falaces que se esgrimían papra impedir a las mujeres ejercer su derecho al voto. Las tradiciones lo son hasta que dejan de serlo. Que algo se haya hecho durante años o siglos no implica ni que sea lo más conveniente, lo más razonable ni siquiera aceptable. La tradición no es una evidencia contundente. Los motivos para mantener o afirmar algo deben ser otros.

Una variante de este tipo de falacia es el argumento de la edad. Asumir que lo viejo, lo mayor, las generaciones anteriores, tienen una mejor visión de las cosas que los jóvenes o que las generaciones más modernas. Tener experiencia no significa tener razón. Sería deseable que cuanta más experiencia se acumule más solvente debiera ser la justificación de un argumento. Pero una cosa es lo que sería deseable y otra lo que se puede demostrar al analizar un argumento.

Y la contraria, el argumento ad novitatem. O sea, que algo está bien, es cierto o es mejor simplemente porque es nuevo.

Los ciudadanos deben votar por Podemos o Ciudadanos, porque el PP y el PSOE es lo viejo.

Esta extraordinaria simpleza se presenta como un argumento contundente aún careciendo de la más mínima relevancia. Ni lo nuevo es mejor que lo viejo ni lo viejo es mejor que lo nuevo. Los años que tenga un partido o la edad que tengan sus dirigentes no son evidencia de nada. En el mejor de los casos, constata un hecho: afirma pero no prueba.

Hay veces en que en vez de ampararse en "el pueblo" se prefiere hablar del "sentido común". No está bien visto pronunciarse en contra del sentido común. Más bien podría parecer una temeridad. Precisamente por eso esta falacia tiene un largo recorrido. Ahí está la trampa. Aunque adolece de relevancia. La cuestión es ¿de qué sentido común hablamos? Hay algunos temas que se deben asumir porque, efectivamente, lo son. Pero el hecho de incluir esta expresión en cualquier proposición no convierte a ésta en una proposición... de sentido común.

Es de puro sentido común que el Ejecutivo asuma los gastos de Pajares.

El presidente Mariano Rajoy hacía esta afirmación en el verano de 2014 refiriéndose a la repatriación del misionero infectado por Ebola en Liberia. La justificación por la que el Ejecutivo debía asumir los gastos era "por puro sentido común". No debió de ser esa la razón: la orden religiosa declaró, después, que asumiría los gastos. Si es de sentido común que lo hiciera el Ejecutivo, ¿habrá que concluir entonces que, al sufragarlos la orden religiosa, el Gobierno no actuó con sentido común? No parece.

Para finalizar este primer grupo de falacias referidas a la falta de relevancia del argumento, me quiero referir a otra que, aún no siendo muy frecuente en política sí suele ser utilizada al abordar determinados temas. Surge con inusitada rapidez cuando se habla del matrimonio homosexual, de su derecho a tener y a adoptar y, sobre todo, cuando se discute sobre su tendencia sexual en el sentido más amplio. **La falacia de la naturaleza (argumento ad naturam)** parte de la idea de que lo 'natural' es mejor que lo que no lo es. Dicho de otra forma, aquel comportamiento que encuentra su correlación en la naturaleza es bueno; el que no, es malo. Esta falacia es frecuente en algunos discursos religiosos. Por seguir con el mismo ejemplo, argumentar que la homosexualidad es antinatural porque lo natural es la relación entre un 'macho' y una 'hembra', además de ser una solemne estupidez es, por cierto, mentira. Decenas de especies animales demuestran comportamientos homosexuales. Pero ésas parece que no cuentan.

Por otra parte, utilizar la naturaleza como argumento, quizá nos llevaría a justificar que la gente viva en un árbol, que se líe a dentelladas con el primero que se cruce o deje la casa para mudarse a una cueva. Falta relevancia en el argumento que recurre a estas justificaciones.

b. Lo estás confundiendo todo.
Hay falacias que lo único que consiguen es que se hable de lo que no toca. Que sacan del tema que está en liza.

La primera es la **"elusión de la cuestión"**. Como su propio nombre indica, se incurre en esta falacia cuando se incorpora un asunto que no es sobre el que se argumenta. Se evita argumentar sobre la cuestión y se lleva el tema a otro lugar. Es un clásico en el terreno político.

> *¿Debería Cataluña ser un Estado independiente?*
> *La democracia consiste en que la gente vote y decida su futuro.*

Como se observa, la respuesta elude la cuestión. No está en liza en qué consiste la democracia sino si Cataluña debe o no debe ser independiente. Podremos cuestionar la pertinencia de la pregunta pero, en todo caso, es la que se propone para argumentar.

A veces, la elusión de la cuestión resulta muy evidente y quien propone el argumento ni siquiera disimula su intención de evadir el tema. Otras, hay un esfuerzo retórico por dar la sensación de que se cuestiona el argumento aunque el fin último es derivar a otros temas. En estos casos, el argumento que elude la cuestión suele estar introducido con expresiones del tipo "lo importante es…" o "a mí lo que me preocupa…" y se continúa con otro tema que quizá nada tenga que ver con el discutido.

Veamos otro ejemplo:

> – Periodista: *su productora no ha pagado a Hacienda los impuestos y ha retribuido en B a los trabajadores.*
> – Político: *Usted está condenado por mentir. Es lamentable que una televisión pública cuente entre sus colaboradores con un condenado...*

¿Tiene algo que ver lo que se propone para argumentar y lo argumentado? En absoluto. Es un caso palmario de elusión del tema en la que, además, se incorpora una falacia ad hominem con la intención de desacreditar a quien pregunta y derivar el asunto hacia cuestiones personales y se introduce, incluso, una tercera derivada que cuestiona la política de selección de colaboradores de una televisión pública. Todo un despropósito argumental que, sin embargo, resulta muy efectista y puede dar la sensación al espectador con notables carencias de capacidad crítica de que, no sólo se responde a la pregunta, sino que, además, se da todo un repaso al periodista.

Una variante, más sutil, es la **falacia de la pista falsa.** Se incurre en ella cuando se incorpora un argumento para despistar sobre la cuestión principal. A diferencia de la elusión de la cuestión, la pista falsa sí guarda relación con el tema propuesto pero solo de forma tangencial.

> *La Constitución prohíbe que una comunidad vote en un referéndum para independizarse.*

La Constitución reconoce el derecho al voto y
a usted lo que le da miedo es que la gente vote.

El segundo argumento es una pista falsa. Fragrante y muy utilizada por algunas formaciones políticas. Guarda relación con el primero, toda vez que éste se refiere a votar, pero para expresar la prohibición expresa de la Constitución a que eso se pueda producir sobre ese aspecto en concreto. El contraargumento utiliza el mismo verbo ('votar') y refiere expresamente la Constitución pero deriva a otro tema que nada tiene que ver con lo que se discute, además de que cuestiona la intencionalidad del interlocutor a partir de conjeturas con una clara intención de desacreditar en una suerte de argumento *ad hominem* muy sutil.

Cuando se tergiversa la posición del oponente distorsionando la tesis para después rebatirla se incurre en la **falacia del muñeco de paja.** No se rebate el punto fundamental que sostiene el argumento; se refuta otra cosa que no es la que se mantiene. Es muy común en la propaganda, sobre todo, en la propaganda negativa.

Se trata, pues, de manipular bien alguna de las premisas o bien la conclusión, convertir el resultado en el punto fundamental sobre el que se debe argumentar y, a partir de ahí, refutarlo o anularlo. Se reinterpreta lo que dice la otra parte. A veces es muy fácil detectarla porque quien la usa suele utilizar expresiones como "o sea, lo que tú dices es que".

> *Ustedes no quieren que los medios de comu-*
> *nicación cumplan un código ético y que no*
> *estén al servicio del capital; o sea que lo que*
> *quieren es coartar la libertad de expresión. Y*
> *la libertad de expresión es uno de los dere-*
> *chos…* (y a partir de ahí, teoría de derechos,
> libertades, Estado de Derecho, Constitución
> y lo que toque).

Otro ejemplo. A raíz de unas declaraciones de la responsable del Fondo Monetario Internacional y de la canciller alemana, Angela Merkel, felicitando al gobierno español por las medidas económicas adoptadas y dando su apoyo a las reformas que habían generado la confianza de los mercados aseguré que el análisis de las políticas no se debe centrar exclusivamente en los objetivos sino en los medios empleados y que habría que valorar si era la única forma de conseguirlos considerando quiénes y cuántos han tenido que pagar un precio demasiado alto. La respuesta del contertulio fue:

> *Me hace gracia lo que decís algunos: que el Es-*
> *tado debe seguir subvencionando y eso es im-*
> *posible porque…*

A partir de ahí, desarrolló todo un argumentario sobre por qué el Estado no estaba en disposición de seguir subvencionando la actividad económica, sobre la falta de recursos, la necesidad de recuperar la confianza de los mercados… Yo manifesté que estaba de acuerdo pero que fallaba algo en la argumentación. La pretensión de refutar lo que yo había dicho era vana porque yo no había mantenido eso. El interlocutor había distorsionado mi tesis para luego rebatirla, luego estaba contraargumentando a partir de algo que no estaba en cuestión. Educadamente lo retiró y refirió su argumento a "quienes lo mantienen".

Ojo cuando un tertuliano (o el interlocutor en el debate o en la discusión) inicia su intervención con "O sea, que lo que tú dices es que…" Hay que estar muy pendiente de que reproduce literalmente lo que se ha dicho. Si no es así, e interpreta lo expresado, conviene fijarse en que la interpretación es fiel reflejo de lo que se ha dicho porque a partir de ahí desarrollará su argumento.

Como vimos en un capítulo anterior, quien afirma, prueba. Por tanto, cuando se renuncia a aportar las pruebas y se pide que sea la otra parte quien las ofrezca, se incurre en una falacia denominada **inversión de la carga de la prueba**. A diferencia de las anteriores no impide abordar la cuestión sino que altera el procedimiento lógico de argumentación y contraargumentación. El pensamiento crítico funciona así: quien afirma, prueba. Igual que en el ámbito judicial: quien acusa, prueba.

Yo te digo que Jordi Pujol se llevó el dinero y punto.

Una variante de la inversión de la carga de la prueba la constituye el **argumento ad ignorantiam**. Se produce por una de estas dos circunstancias: cuando se asume que algo es cierto porque no se ha demostrado que es falso,

> *Nadie puede demostrar que Rajoy no conociera lo de Bárcenas. Por tanto, lo conocía.*

o bien cuando se asume que es falso porque no se ha demostrado que es cierto.

> *Nadie puede demostrar que Rajoy conociera lo de Bárcenas, así que no lo conocía.*

Es decir, no se inicia el proceso argumental: no parece resultar necesario precisamente por lo expuesto más arriba. Si no hay que probar se frena la argumentación; se impide el razonamiento. En este caso, al argumento le falta relevancia.

> *Todos los políticos del PP son unos corruptos y reto a quien sea a que demuestre lo contrario.*

Pues no. Quien afirma (acusa, en este caso) debe probar. Pretender lo contrario supone una violación de las reglas básicas de la argumentación porque exime a quien hace una propuesta de aportar las evidencias para demostrarla y, además, pretende que sea la otra parte quien demuestre que no es cierto (en este caso) sin que quien hace la afirmación haya demostrado que sí lo es.

Cuando un presidente llegó al poder, nombró un Ejecutivo formado por altos funcionarios:

> *Es el Gobierno más competente que hemos tenido en los últimos años porque cada uno de sus ministros tiene una trayectoria impecable.*

Esta es la **falacia de la composición**. Dicho de otro modo: que las partes sean buenas o malas no implica que el todo tenga que serlo necesariamente. (Quizá los más críticos con el gobierno puedan pensar que resulta llamativo cómo las falacias pueden llegar a tener capacidad predictiva). La versión contraria es la **falacia de la división**. O sea, que el todo sea bueno o malo no significa que cada una de las partes también lo sea.

> *Este es el peor gobierno de la democracia que hemos tenido. Así que, el Ministerio de Exteriores es también el peor que hemos tenido.*

Pues si se hace una valoración global, quizá pueda ser el peor gobierno en la historia de la democracia (se fijará que no lo he identificado para que le ponga el nombre que mejor le convenga). Pero que la valoración global sea mala no implica que cada uno de los ministerios que componen el Ejecutivo y que ha tenido que analizar también lo sea. De hecho, si de 13 ministros 10 ó 12 han sido nefastos, la valoración del Gobierno no puede ser peor. Pero quizá el de Exteriores haya desarrollado un buen trabajo.

En este apartado de falacias que busca rehuir el tema, confundirlo o, simplemente, no entrar en él, incluimos otras dos: la de la falsa disyunción y la del falso dilema. La **falacia de la falsa disyunción (o dicotomía)** es un argumento distorsionado. La dicotomía es una distinción que debe ser exclusiva y exhaustiva. En la falacia, el argumento plantea opciones que no son incompatibles, a pesar de que se requiera optar por una u otra; o bien olvida deliberadamente que existen más.

> *La gente debe decidir entre monarquía o democracia.*

Esta proposición es un caso palmario de falso dilema. En primer lugar, contrapone sistemas que no son opuestos; la prueba evidente es que hay monarquías parlamentarias, como en España, que agrupan ambas opciones que se proponen como excluyentes. Este argumento tiene especial gracia porque, además de plantear una falsa dicotomía, da por sentado, tal y como está expresado, que un régimen monárquico es contrario a la democracia, lo que por muy republicano que uno sea, es una estupidez palmaria.

Veamos otro ejemplo que se ha asentado como fundado en nuestro país.

O se rescata a los bancos o se rescata a las personas.

Muy utilizado por algunos partidarios de izquierda, además de ser una falsa dicotomía, tiene un regusto a sofisma patético nada desdeñable. La vida, lamentablemente para algunos, no es tan simple. Entre un extremo y otro hay otra opción, que se oculta deliberadamente: atender a las necesidades de los bancos sin descuidar a quienes más sufren los efectos de la crisis. Pero ésta opción no está en el juego. Es más fácil asumir la otra porque resulta más sencilla la conclusión: o conmigo o contra mí.

Ahí va un tercer ejemplo, a partir del anterior, pero en el que la enumeración de las posibilidades no es completa.

Los españoles pueden votar al PP o a Podemos.
Si votan al PP, seguirán los recortes en derechos.
Si votan a Podemos, comenzarán los recortes en
libertades.
O sea, que habrá recortes en cualquier caso.

Pues pueden elegir al PSOE, a Ciudadanos, a UPyD y asunto resuelto. El de la falacia, digo. Y un último ejemplo, que se escucha con demasiada frecuencia

Si eres parte del problema no puedes ser parte
de la solución.

Solemne memez. Si lo piensa, puede encontrar varios ejemplos en los que se puede ser parte del problema y de la solución. Le pongo uno, para que se anime: el corrupto arrepentido que alerta a la justicia para que destape todo. Es parte del problema y, afortunadamente, también de la solución. Por tanto, la falacia de la falsa dicotomía o disyuntiva es palmaria.

El **falso dilema** es un argumento que distorsiona porque utiliza términos incompletos o que no son incompatibles. Es decir, plantea una dicotomía que no es tal o porque en realidad hay más opciones de las que se plantea. Pero en este caso se pretende forzar la aceptación de una de las opciones que, aunque no nos gusta, puede parecer mejor que la otra.

El 31 de enero de 2014, la secretaria general del PP, María Dolores de Cospedal, afirmó, muy digna:

O el PP o la nada.

Falsa: la disyunción. Quizá algunos piensen que es una falsa disyunción pero no porque olvida otras opciones sino porque plantea dos que no son incompatibles. Quizá otros consideren que es un falso dilema porque obliga a elegir algo que, aunque los electores no lo desean, es mejor que la otra opción. Pero, afortunadamente para la secretaria general, hay más opciones. Por eso incurre en una falsa dicotomía.

c. ¡Cómo te repites!

En el grupo de falacias que se distinguen por hacer redundante un argumento encontramos, básicamente, dos. La **falacia de petición de principio** supone pretender que se demuestra una proposición simplemente por repetirla o por parafrasearla porque ofrece como premisa lo mismo o algo muy parecido que la conclusión. Es una falacia que tampoco entra en el proceso lógico de argumentación porque aporta como evidencia la misma conclusión. Dicho de otro modo, se pide al interlocutor que acepte la propuesta por encima incluso de la argumentación. Se afirma en vez de demostrar. Es decir, la premisa no ofrece evidencias independientes que sostengan la conclusión.

Subir los impuestos es perjudicial porque no beneficia a los ciudadanos.

Los datos que se aportan no pueden ser lo mismo que la conclusión.

La segunda es el **razonamiento circular**. Lo mismo que en el caso anterior, el problema en este argumento tiene que ver con la redundancia. Hay veces que la premisa no sólo es igual o parecida a la conclusión sino que, incluso, se sostiene sobre la misma conclusión. Y la misma conclusión, sobre las premisas. Es decir, establece como evidencia datos que solamente serían aceptados por quienes creen esa proposición. Es una petición de principio indirecta. En realidad, resulta difícil detectar dónde comienza la petición de principio.

Podemos es un partido populista porque sólo
propone medidas populares.

Para aceptar la 'evidencia' (propone medidas populares) es imprescindible aceptar previamente la conclusión (Podemos es un partido populista). Como se comprueba, se asume como premisa la conclusión que se pretende probar. Al preguntar por qué se dice que son populistas, la respuesta es lo mismo que se declara, porque, en este caso, es la propia definición: porque propone medidas populares. Y así sucesivamente este 'razonamiento' se convierte en un círculo vicioso.

d. Habla bien

Hasta este punto hemos hablado sobre las partes de un argumento, los tipos de argumentos y sobre las falacias (al menos, las más habituales – ya hemos dicho en la introducción que no había pretensión de exhaustividad ni de agotar el tema–). Pero los argumentos se construyen con palabras. Y el uso del lenguaje no es gratuito. La ambigüedad, aun no siendo en sí misma una falacia, sí constituye una debilidad en el argumento, si entendemos como tal aquella que impide que la argumentación fluya como es debido con un fin noble; no aquella deliberadamente diseñada con otros fines.

Resulta indispensable utilizar el lenguaje con propiedad. Pensar críticamente significa no sólo ser capaz de utilizarlo sin incurrir en ambigüedades semánticas, gramaticales, referenciales, sino saber detectarlo cuando escuchamos o leemos una argumentación. Es fundamental ser precisos y exigir precisión en el uso de los términos.

La gente suele decir cosas así.

¿Gente? ¿Suele? ¿Cosas? Así no vamos a ningún sitio y permitir el uso poco o nada apropiado del lenguaje favorece los malentendidos, impide el abordaje serio de las premisas y dificulta pasar de los datos a las conclusiones. O sea: el razonamiento.

El significado de las palabras depende a menudo del contexto. Las personas dan significado a las palabras, las interpretan. La intención con la que se utiliza un término puede o no ser la misma que reciba quien lo lea o quien lo escuche. Las palabras tienen vida, evolucionan. Lo que una significa para unos puede no ser lo mismo para otros. 'Progre' no es lo mismo en boca de quien así se considera que en la de algún periodista crítico con los que así piensan. 'Conservador' para algunos explica una manera de ver las cosas, una forma de definir un pensamiento; para otros ese mismo término resulta ofensivo.

El término 'derecho', en principio, no plantea ningún problema de comprensión y sin embargo es uno de los principales escollos a la hora de discutir sobre el aborto. No se trata de la misma manera un argumento si decidimos utilizar 'feto' o 'no nacido'. Menos aún si se decide que lo que una mujer lleva en su vientre es una 'persona'. Son cuestiones que guardan relación con la definición de las palabras y con el uso más o menos intencionado.

> *La nueva ley de reforma laboral flexibilizará el mercado de trabajo y nos volverá más competitivos.*

Resulta necesario estar pendiente. Porque el uso de un término u otro condiciona el argumento, la manera en que se expone, las evidencias que obliga a aportar y la forma en la que es percibido. ¿Flexibilizar? ¿Competitivo? Si esa nueva ley permite que los empresarios puedan hacer y deshacer como consideren (o que puedan ser más 'libres' en la toma de decisiones sobre la contratación, ¿ve?) eso puede ser flexibilizar si elimina rigideces. Pero si eso se hace suprimiendo derechos laborales será otra cosa. O si liberaliza el despido, pues también. Respecto a que nos volverá más 'competitivos' es una manera de ver una situación que para otros significa descenso de los salarios. ¿Qué es lo importante? ¿Qué es lo que mejor refleja lo que provoca la ley de reforma laboral? Si se mantiene que se da libertad a los empresarios, las evidencias que se aporten serán unas; si se sostiene que se suprimen o limitan derechos laborales, las evidencias serán otras.

Los eufemismos, el lenguaje políticamente correcto, son barreras en la argumentación. Disfrazan la realidad;

la ocultan bajo una apariencia más amable que facilita que se bajen las defensas en la refutación.

Los 'daños colaterales' son las muertes de inocentes en una contienda. ¿Una persona es un daño? La sola expresión, que pretende ocultar una realidad terrible – e injustificable, por muy 'inevitable' que se antoje (que algo sea inevitable no lo hace justificable: es una cuestión de prioridades)– radiografía además de qué manera afronta lo que ocurre quien la utiliza en su argumento. Si son daños colaterales es que la prioridad no es la gente sino la operación.

Lo contrario al eufemismo es el disfemismo. Un ejemplo: ¿ETA es una banda terrorista (disfemismo) o un movimiento de liberación (eufemismo)? El disfemismo busca provocar un efecto negativo en la actitud de la audiencia.

A veces denominar una situación, conseguir que se afiance un término para definirla también es una conquista o una batalla. Pero el pensamiento crítico no tiene en cuenta esas consideraciones. ¿Es matrimonio homosexual o unión del mismo sexo?

Cuando algunos políticos hablan en nombre del 'pueblo' (independientemente de que tengan alguna legitimidad para hacerlo, que puedan erigirse en portavoces o que incluso tengan capacidad para conocer lo que opina) ¿lo hacen en nombre del conjunto de personas de un lugar, región o país (acepción tercera del diccionario) o de la gente común y humilde de una población (acepción cuarta), en contraposición con los que consideran que no son humildes? Ambas son significados denotativos; ambos son acepciones recogidas en un texto normativo.

Un buen argumento debe ser un argumento claro. Y si no lo es habrá que pensar en la incapacidad de quien lo propone para formularlo o en que tiene una intencionalidad más o menos explícita.

Pero el significado, además de ser denotativo, también puede ser connotativo. Es ése que carga de intencionalidad a las palabras, más allá de la que se desprende de su significado normativo. Volviendo al caso anterior: ¿es una interrupción del embarazo o un asesinato?

El lenguaje que utilizamos a diario está lleno de registros, de asociaciones, comparaciones, referencias poéticas... de recursos retóricos que, en fin, lo distancian del lenguaje científico y lo hacen más rico. Ahí donde está la virtud, para la argumentación crítica puede estar el problema. Las metáforas son comparaciones que buscan influir en la manera de recibir el argumento por parte de la audiencia, pero que también inciden en cómo pensamos y en lo que hacemos. Las hay más claras, como la del político mejicano Manuel Clouthier:

La democracia es como el amor, hay que ha-
cerlo todos los días.

Y otras, menos claras (en las que no figura ese 'como', que nos da pistas sobre una posible metáfora), pero muy contundentes.

Comienza la contienda electoral.

El término elegido para definir una campaña electoral nos sitúa en un escenario que no debería ser el político y que tiene más que ver con el campo de batalla. Es una forma de hablar; pero no es cualquier forma de hablar. Pero dibuja un escenario, marca el terreno en el que se mueve la discusión o el análisis.

Cuando una frase es expresada de forma poco clara, que puede ser interpretada de diferentes formas, entonces no respalda la conclusión.

Es urgente votar por el cambio.

El término 'cambio', en sí mismo, no supone nada. Cambiar no es ni pertinente ni inoportuno en sí mismo. Depende de hacia dónde y, sobre todo, por qué. Cuando se habla de 'cambio', en términos políticos, parece que existe la tendencia a suponer que el cambio que se propone será necesariamente mejor. Y como se supone, no se justifica.

Entre las falacias del lenguaje debemos hacer también mención al uso de la jerga, de la terminología específica de un ámbito determinado del saber, pero no porque sea imprescindible para referirse a determinados hechos sino con la intención de que no se entiendan.

No sé lo que dice pero qué bien habla.

Aunque la frase no haga referencia específica al uso de la jerga, cuando se tenga esa sensación conviene reparar en lo que se ha oído. El uso de terminología incomprensible puede servir para dar la sensación de que un argumento es más contundente de lo que realmente es; o para dar la impresión de que se está ofreciendo un argumento cuando, en realidad, no hay nada.

e. Hitler tenía razón
La sensatez, el equilibrio, la moderación suelen ser cualidades muy bien valoradas entre los pensadores críticos, entre aquellos que cuestionan lo que ocurre pero sin mostrar más grado de certeza que el que permiten alcanzar las evidencias que se aportan. Uno de los indicadores que nos permiten constatar si estamos ante un pensador crítico, ante quien argumenta pero sin pretender conclusiones que van más allá de a donde permiten llegar las evidencias, es la presencia en los argumentos de matices. Cuando no se contemplan, se incurre en la **falacia de la universalidad**. Es decir, querer que una conclusión sea absoluta, universal o total sin aportar datos que sostengan esas características.

*Una victoria de la ultraizquierda nos sacará
de Europa.*

Pues igual va a ser que no. Afirmaciones taxativas, sin matices, con trazo tan grueso incurren en debilidades en la argumentación. No tienen una denominación específica pero el resultado es el mismo. Esa proposición debería incluir, quizá, el adverbio "probablemente". Y aún así, deberá ser debidamente demostrada con datos. Si no, no dejará de ser una afirmación gratuita sin más; pero no un argumento.

Tenemos la certeza absoluta de pocas cosas. Afortunadamente. Eso es lo que nos permite argumentar, discutir, debatir… Por eso conviene no asumir como cierto lo que solamente es probable. Pero no vale con asumirlo; hay que explicitarlo en la exposición de las proposiciones: cuando se argumenta. Buena parte de los argumentos tienen excepciones. Es decir, aquellas circunstancias que pueden poner en cuestión la propuesta que estamos manteniendo.

*España crecerá el próximo año si incrementa
las exportaciones.*

Bueno, en realidad, si incrementa las exportaciones, 'salvo' que los países a las que se destinen no tengan recursos para adquirirlas porque se encuentren en recesión o estancados. Ese 'salvo' es, lógicamente, una excepción.

Es indispensable contemplar aquellas circunstancias que debilitan el argumento o, simplemente, que lo anulan. No hacerlo es dar armas al contrario para la construcción de su contraargumentación y para que invalide nuestra proposición.

Considerar las excepciones que debilitan o invalidan el argumento no implica necesariamente explicitarlas. Pero es indispensable conocerlas para saber de qué manera rebatirlas cuando un tercero detecte que quizá no se están contemplando.

Al principio de este texto mencionamos algunas de las características que debe reunir el pensador crítico: objetividad, independencia, humildad, honestidad... Nos referimos también a la importancia de afrontar las proposiciones, las cuestiones, con amplitud de miras. Sin embargo, aunque se escribe fácil no es tan sencillo ponerlo en práctica. Como es lógico, intentamos entender las cosas desde nuestro punto de vista. No hacerlo así resulta imposible. Pero sí puede haber un esfuerzo por entender a la otra parte. Consideramos con frecuencia que nuestra forma de comprender el mundo es la acertada; a veces, incluso la única. Este 'aldeanismo' intelectual tiene una clara correspondencia en los argumentos que se utilizan. No es necesario observar con excesivo detalle algunos razonamientos que dejan entrever que quien habla o escribe parte de esas pobres premisas.

En ningún sitio como en casa.

¿Está seguro? ¿De verdad conoce el resto de sitios para llegar a semejante conclusión? Se podrá explicar que es una forma de hablar para dar a entender que en casa se está estupendamente. Y es válido si y sólo si se hace en ese sentido. El problema radica en que hay veces que no es una forma de hablar sino una forma de pensar. Ahí está la limitación. A partir de esa propuesta se descartan otras, no se contemplan o, lo que es peor, se critican.

Tendemos a ver el mundo a partir de nuestros parámetros culturales, nuestro esquema de valores. Pero el hecho de que lo veamos así – y es comprensible– no significa que sea así – y resulta lamentable comprobar que a veces no se distingue una cosa de la otra–. El interés, el miedo, los prejuicios, las creencias, los estereotipos, son barreras para el pensamiento crítico. No se sugiere, bajo ningún concepto, que se deba renunciar a ellas. Al fin y al cabo, nos dan la seguridad que todos necesitamos. Pero, al mismo tiempo, nos quitan la posibilidad de conocer de verdad, de intentar entender lo que ocurre. Esa misma seguridad que uno tiene asumiendo determinadas premisas para abordar determinadas proposiciones la tiene quien piensa exactamente lo contrario. El problema surge cuando hay cuestiones que no pueden ser de una manera y de la contraria; que si se sostienen a partir de unas premisas no se pueden soportar con las contrarias. Y es ahí donde entra la argumentación, la capacidad para afrontarlas

y dilucidar con datos y razonamientos bien elaborados cuál
de las dos visiones es más acertada.

Albert Rivera es un tipo muy cercano.

Nos formamos impresiones de las cosas, de los lugares,
de las personas y, a partir de ahí, concluimos que son como
nos parecen. ¿Lo es o lo parece? No es lo mismo la impresión que la realidad. En la configuración de nuestra cosmo-
visión, de nuestra forma de ver el mundo, los medios de
comunicación desempeñan un extraordinario papel. Fundamentalmente, los audiovisuales. La razón es muy sencilla: tenemos la sensación de que como 'vemos' lo que
muestran lo que se muestra es así. Pero olvidamos, con
frecuencia, que los medios enseñan una parte; difícilmente
el todo. Sacamos conclusiones al 'presenciar' una realidad
que no nos cuentan sino que vemos. No hay dudas, por
tanto. Olvidamos que, por su propia dinámica y configuración, hay datos de los que no disponemos y que provocan
un vacío que nos impide dar el salto de lo que nos parece a
lo que es. Salvo que el medio pretenda manipular, ese vacío
viene, como algunas cosas en los ordenadores, 'por de-
fecto'. Está incorporado a los medios porque no lo pueden
llenar. No es posible.

Es verdad porque lo vi en la tele.

¿Seguro? Si descuidamos esta consideración, corremos
el riesgo de pensar que todo es como cuentan los medios

y que no puede ser de otra manera. Que alguien aparezca en una tertulia como 'analista' no significa que sea analista; que determinados políticos parezcan abonados a determinados programas o cadenas de televisión ni significa que sean los mejores, los más preparados ni, desde luego, que pinten algo. Sus argumentos no tienen, de serie, más autoridad que los de otros. Se la podrán ganar, pero no deben partir con un plus que no tendría quien no sale en televisión. Y, a veces, evitar tener esa sensación, intentar distanciarse... no es sencillo.

Como tampoco lo es pretender entender lo que ocurre viendo una sola cadena de televisión, escuchando una sola emisora de radio o leyendo un solo periódico. Y menos aún, si además de ser una o uno sólo, son siempre los mismos.

Los juicios previos (prejuicios) también nos distancian del pensamiento crítico. A las conclusiones se llega tras analizar los datos. Partir de una posición preconcebida, no afrontar la cuestión con limpieza y ánimo de entenderla, dificulta extraordinariamente el análisis y el ejercicio argumental.

Como los prejuicios, los estereotipos obstaculizan acercarse a las cuestiones con ánimo de entenderlas. Tanto unos como otros invitan más a la defensa de posiciones que al análisis de los asuntos. La 'necesidad' de etiquetar todo, de poner nombre, de clasificarlo en algún lugar y que no se mueva de ahí, facilita mucho todo pero impide argumentar como se debe.

> *Es necesario que el pueblo recupere su fuerza*
> *frente al totalitarismo de la Unión Europea*
> *y de sus cómplices, los mercados financieros.*

¿Se puede estar de acuerdo en algo con un terrorista, con un xenófobo, con un racista? Sin lugar a dudas. Lo que sean o dejen de ser no condiciona todo aquello sobre lo que se puedan pronunciar. La solvencia, la conveniencia, la bondad o la sensatez de un argumento no radica en quién lo sostenga sino en lo que sostenga. Es cierto que la Unión Europea ha marcado unas exigencias muy duras a determinados países que han llevado a la aplicación de unas políticas con resultados nada deseables. Se han podido alcanzar los objetivos económicos pero la pregunta es a costa de qué. Millones de personas se han visto más empobrecidas, ha aumentado la desigualdad... Es razonable que alguien piense que el responsable es quien impuso esas medidas en connivencia con los mercados, que buscan defender sus intereses. ¿Quién cree que ha afirmado la frase que he recogido más arriba? Marine Le Pen. Ahí va otra:

> *Quizás la más grande y mejor lección de la*
> *historia es que nadie aprendió de las lecciones*
> *de la historia.*

[158]

Si hay algo que caracteriza al hombre (en sentido genérico) es ser pertinaz en el error, no escarmentar en cabeza ajena: tropezar dos veces en la misma piedra por haber sido incapaz de analizar lo ocurrido para evitar que volviera a pasar. ¿Le parece sensata la afirmación sobre la historia? Pues la firma uno de los tipos más despreciables de la historia contemporánea: Adolf Hitler. Si ahora se esfuerza por encontrar motivos para cambiar de parecer, entonces no habrá entendido nada.

Otra de las barreras que debe sortear el pensador crítico es la superstición. Las creencias infundadas, las que se sostienen sin ninguna o irrelevante evidencia. Es fundamental convertir las evidencias paranormales en evidencias para normales.

Y la última, por no extendernos demasiado en la cantidad de obstáculos con los que se encuentra el pensamiento crítico, es la pereza. Cuando no hay ganas, no hay forma. Analizar las cosas conlleva tiempo, esfuerzo. Implica dudar, desengañarse, evitar que te lleve la corriente (a menudo, la que te interesa). Estar atento, parar y pensar, ser escéptico, huir de la simplificación, de lo absoluto. La pereza argumental es un pecado capital... en el pensamiento crítico.

12. PUES VA A SER QUE NO. ¿CÓMO REFUTAR UN ARGUMENTO?

Refutar implica detectar y evidenciar las debilidades de un argumento: descubrir en dónde falla la exposición de un punto de vista, explicar por qué e invalidarlo. El objetivo final no es tanto ganar nada como acercarse a la verdad del tema que está en liza. Desde la perspectiva de la argumentación crítica, la refutación no implica ninguna victoria. Sólo lo consideran así quienes entienden el ejercicio del pensamiento crítico, de la discusión, como una batalla en la que uno gana y otro pierde. Es legítimo y podría considerarse de esta manera si pensamos en quién maneja mejor los argumentos, pero no desde un punto de vista efectista sino considerando todo lo que se ha abordado en el texto. Quien reconoce que su argumento es débil, que no aporta suficientes garantías, que incurre en una falacia, que no soporta adecuadamente la

conclusión no pierde nada; al contrario, el reconocimiento permite que fluya el razonamiento en todas las
direcciones.

La refutación está presente en los debates políticos
(en los de verdad, no en los que se celebran en España)
y en las tertulias. Lamentablemente, las refutaciones
se suelen producir, generalmente, porque quienes intervienen prefieren defender posturas antes que analizar cuestiones. Quizá por esa razón, en varios
programas de televisión quienes participan están dispuestos, físicamente, unos frente a otros. Esta 'esce-
nografía' traslada una imagen de simpleza extrema en
la concepción de lo que debe ser un análisis. Es cierto
que contribuye al dinamismo del programa pero también a una cierta espectacularización. Por otra parte,
simplifica y condiciona el desarrollo, la aceptación de
los argumentos. Simplifica, porque la audiencia corre
el riesgo de suponer que dependiendo de dónde esté
sentado el interviniente el tono de su intervención dis-
currirá en un sentido determinado. Condiciona al propio participante porque puede sentirse compelido a
argumentar teniendo en cuenta su propia disposición
física. Como consecuencia de estas circunstancias, el
análisis de los temas discurre entre el bien y el mal, a
favor y en contra. Como se ha expuesto en repetidas
ocasiones, las cuestiones no son tan simples y la mayoría de las que se tratan – sobre todo vinculadas a la
política– no se resuelven asumiendo por completo las

evidencias de una parte ni descartando por completo las que aporta la contraria.

Volviendo a la refutación, debe entenderse este proceso en la argumentación desde una perspectiva responsable y lógica. Responsable, porque una refutación que pretenda serlo jamás debe estar basada en la descalificación, en el insulto, en la elusión de la cuestión ni en la elusión o la inversión de la carga de la prueba. Incurrir en esas falacias está al margen de lo que se debe entender por una refutación procedente. Pero además debe ser lógica. El razonamiento de la refutación debe realizarse con arreglo a los parámetros que ya se han explicado.

Una correcta refutación sigue, habitualmente, cuatro pasos.

1. Establecer con claridad la postura que se pretende rebatir.

Aunque pudiera parecer estúpido no lo es. Cuando un argumento discurre se aportan evidencias. Las debilidades del argumento y, por tanto, el punto que se desea refutar, como se ha visto, pueden encontrarse en diferentes partes del propio argumento. Por tanto, resulta imperativo determinar con claridad qué parte del argumento no es asumible. Esto se hace de una forma muy sencilla: se retoma y explicita literalmente aquello que a continuación va a ser rebatido. De esta manera, cuando se trata de una argumentación oral, la otra parte tiene la opción de corroborar que ha dicho una u otra cosa o de matizar o desdecirse en caso de que no haya sido bien entendida. Si no se actúa de esta forma asumimos dos riesgos: que quien escucha (si se trata de una tertulia o de un debate) no identifique qué parte del argumento pretende ser rebatida; y que nos dispongamos a refutar algo que no se quisiera mantener bien por un error en la explicación o por una mala comprensión.

En las tertulias y en los debates de temas políticos todo ocurre demasiado rápido. Forma parte de la dinámica actual que nada tiene que ver con la que definía a programas de hace algunos años, como La Clave, o algún programa actual más reposado. Allí, salvo excepciones, todo era más tranquilo; quizá demasiado, para algunos. Ahora, el ritmo es más ágil; incluso frenético. Se abordan varias cuestiones, la mayoría de las veces nada sencillas de tratar, en un espacio muy breve de tiempo y con demasiados colaboradores deseosos de hacerse oír.

Por eso es muy importante estar muy pendiente de los turnos de réplica que, a menudo, suelen utilizarse o para eludir el tema, o para refutar, o para insistir en lo mismo que se ha dicho antes. Son las tres técnicas más utilizadas, consciente o inconscientemente. Quizá por la escasez de tiempo, por ignorancia, o por ganas de manipular. Las réplicas no son completas. A menudo se esgrime la mitad del argumento, normalmente, y la conclusión.

*Pues yo creo que el PP sí que va a ganar. Sobre
la propuesta de Sánchez en materia económica…*

¿Cómo? ¿Seguro que va a ganar? ¿Por qué? La conclusión está clara pero ¿y las razones? ¿las premisas? ¿las
evidencias? El caso es que uno de los participantes en la
tertulia ha 'perpetrado' un argumento y ha pasado a establecer una proposición sobre otra cuestión.

Esto también puede ocurrir por impericia del presentador o de forma deliberada: mezclar temas y no encau-
zar la argumentación. A veces, da la sensación de que
hay polémica, debate encendido… y en realidad lo que
hay es un despropósito intelectual continuado. Espectáculo sí: poco más.

2. Ayudar a entender las partes de la refutación.
Obviamente, si la refutación tiene varios puntos que
deben ser considerados y que, en sí mismos, o bien son
autónomos o bien están relacionados. Si se pretende explicar que una determinada postura es inviable, insen-
sata, irresponsable y contraproducente, es recomendable
adelantar que esos serán los cuatro puntos que sostendrán la refutación. ¿Ocurre algo si no se avanzan y si directamente se exponen y se soportan? En absoluto. Pero
si se hace, además de que la exposición es más visual resulta más pedagógica porque ayuda a la audiencia a determinar con claridad las cuatro conclusiones de la

refutación y a relacionar las evidencias que se aporten con cada una de ellas. Por otra parte, si son varias las razones que justifican la refutación, exponerlas de esta manera gana en contundencia porque la audiencia identifica cuatro puntos y no debe llegar a la conclusión de que no han sido ni una ni dos sino cuatro las proposiciones que invalidan la contraria o que, al menos, evidencian alguna debilidad.

Si la refutación se compone sólo de una parte, no será necesario. Habrá entonces que pasar al tercer punto.

3. Refutar.

Es el principal. Es en este momento cuando hay que aportar las evidencias que soportan cada una de las proposiciones que mantiene quien refuta y que sirven para constatar las debilidades de la rebatida. Es ahora cuando conviene tener presente todo lo explicado en el texto porque es ahí donde están las normas para la contraargumentación y los criterios que invalidan la proposición contraria. Existen varias pautas para refutar una proposición. Ello no significa que haya que centrarse en una de ellas: de hecho, pueden ser complementarias.

En este punto es importante centrarse en demostrar que el argumento no cumple una o varias de las condiciones que debe reunir: certeza, relevancia, coherencia y consistencia. Pero además, es cuando hay que evidenciar si incurre en alguna falacia, si los datos no son concluyentes, si las pruebas no son creíbles. Un empleo inadecuado del lenguaje también es pertinente para una adecuada refutación.

13. ¿CÓMO SE ABORDA UNA CUESTIÓN?

Teniendo en cuenta todo lo explicado en este texto, se podría pensar. "Vaya. La verdad parecía muy fácil pero empiezo a saturarme como tenga que tener en cuenta todo esto si quiero abrir la boca o quiero escribir sobre alguna cosa. Y, a partir de ahora, ver o escuchar una tertulia, ver un debate u oír a un político va a ser un ejercicio algo menos divertido de lo que era". Conviene no agobiarse porque el pensamiento crítico es una habilidad que se adquiere con la práctica y, sobre todo, observando. La mejor manera de desarrollarla es mirando: cómo se habla, cómo se argumenta, cómo se discute, cómo se pelea, cómo se negocia, cómo se propone... Con el tiempo se aprende a disponer los argumentos de la mejor forma, a encontrar las evidencias más contundentes, a estructurar el pensamiento para después exponerlo de forma si no brillante al menos sensata y razonada.

Con lo visto hasta ahora, ¿de qué manera proceder cuando se desea abordar una cuestión para ser argumentada o debatida? ¿Cómo disponer los datos? ¿Qué decir antes y qué después? ¿Qué conviene no decir? En definitiva: ¿Cómo estructurar la argumentación?

Resumo a continuación una de las formas más prácticas de preparar la argumentación sobre una cuestión. Por ejemplo: Si se pretende mantener que el Gobierno debería legislar para que los partidos políticos sean transparentes.

1. Reunir todas las ideas e información que se deban incluir en el escrito o en la intervención. Aunque pueden ser más o menos, sirven como ejemplo:

1. Incremento de escándalos de corrupción.
2. Malestar de la opinión pública .
3. Lentitud de la justicia.
4. No se sabe en qué gastan el dinero los partidos.
5. Excesivo retraso en las resoluciones del Tribunal de Cuentas.
6. Falta de información sobre la procedencia de algunas donaciones a los partidos.
7. Experiencia en otros países.
8. Relación entre corrupción y calidad democrática.
9. Falta de reacción de los partidos.

2. Elegir los argumentos principales que se correspondan directamente con la tesis que se desea mantener (la proposición) o con la postura por la que

abogue y ordenarlos de forma lógica, teniendo en cuenta que algunos de ellos servirán para respaldar directamente la conclusión; otros lo harán indirectamente; y otros la cuestionarán. Estos últimos también deberán ser tenidos en cuenta para ver si se pueden invalidar, para estar prevenido ante una potencial refutación o, simplemente, para modificar la conclusión a la que pretendíamos llegar o la proposición que queríamos sostener.

1. Falta de transparencia en los partidos.
   a. No se sabe en qué gastan el dinero los partidos.
   b. Falta información sobre la procedencia de algunas donaciones.
2. La opacidad facilita los comportamientos corruptos
   a. no hay necesidad de dar explicaciones.
   b. cuanto mayor sea la obligación de rendir cuentas más difícil será que se produzcan casos de corrupción.
3. Se genera desconfianza en las instituciones por parte de los ciudadanos.
   a. Aumento de escándalos.
   b. Lentitud de la justicia.
   c. Falta de reacción de los partidos.
   d. Retraso en las resoluciones del Tribunal de Cuentas.
4. A mayor transparencia mayor calidad democrática.
   a. las leyes contra la corrupción impiden la sensación de impunidad.
   b. el acceso a la información interna de los partidos despeja dudas.

3. Aportar las evidencias que respalden cada uno de los argumentos. Los informes, las noticias publicadas en prensa, reportajes, documentos elaborados por asociaciones de jueces, comparativas de legislación entre diferentes países que tengan leyes para garantizar la transparencia, encuestas autorizadas sobre la confianza en los políticos, sobre las principales preocupaciones de los ciudadanos, declaraciones de jueces reclamando más medios, proposiciones de ley relacionadas con el asunto y que no hayan sido aprobadas, estadísticas sobre el tiempo medio entre que se descubre que ha podido haber corrupción y la resolución final del caso, estudios de Transparencia Internacional… Todo ello permitirá respaldar cada una de las evidencias que justifican cada uno de los argumentos que, a su vez, sostienen la tesis.

4. Establecer el esquema que mejor se adapte a la cuestión que debe abordar

a. cronológico. A partir del mismo ejemplo anterior, la cuestión debería entonces ser abordada con una secuencia temporal. No es un esquema muy útil para este tema. Quizá sí para conocer la evolución de los casos de corrupción en los diferentes gobiernos del país en los últimos 30 años. Por ejemplo, durante la Transición, los primeros gobiernos, el socialista, el popular, hasta llegar a la actualidad.

b. espacial. Si seguimos un criterio espacial nos permitiría más hacer un análisis comparativo sobre la cuestión en diferentes países que abordar en sí misma la necesidad de que el gobierno aprueba leyes en este sentido. Sí sería válido este esquema para demostrar cómo la aprobación de leyes para aumentar la transparencia ha tenido como consecuencia una disminución de los casos de corrupción en los países donde se hayan aplicado.

c. causa /efecto. Se establece una conclusión a la que se llega de forma lógica porque se expone desde la causa. Esa causa tendrá un efecto, que será la causa del siguiente argumento. A su vez provocará un efecto que, nuevamente, se constituirá como causa… y así hasta que quede demostrada la conclusión. Por ejemplo:

Aprobar leyes contra la corrupción aumentará la calidad de la democracia.
La falta de normativa contra la corrupción facilita comportamientos contrarios a la buena práctica política y, a veces, incluso a la ley.
Los comportamientos contrarios al ejercicio digno de la política contribuyen al alejamiento de los ciudadanos respecto de las instituciones y a aumentar la desconfianza.
Cuando se aumenta la desconfianza en los partidos y en los políticos se quiebra uno de los principios esenciales del correcto funcionamiento de una democracia.
Para que una democracia sea fuerte resulta indispensable el libre acceso a la información

tanto sobre los recursos económicos de los partidos, como de los procedimientos de las adjudicaciones, del empleo de los presupuestos, de la agenda pública de los partidos...
Por tanto, se deben aprobar medidas que favorezcan la transparencia.

d. problema /solución. Examina los síntomas de un problema y propone posibles remedios. El problema debe ser significativo. Mientras no se solucione permanecerá porque es inherente a una determinada situación. La solución debe ser solvente y deseable. Ejemplo:

El Gobierno debe legislar para que los partidos políticos sean transparentes.

- La falta de transparencia facilita que se adopten decisiones poco democráticas y que se dé un uso indebido a los recursos económicos (significativo).
- Mientras el Gobierno no apruebe leyes que obliguen a los partidos a rendir cuentas, el problema permanecerá (inherente).
- Las experiencias de los países que han legislado en este sentido demuestran que las medidas funcionan (solvencia).
- Las ventajas de una legislación sobre transparencia favorecen la calidad democrática del país (deseable).

e. secuencia motivada. Es un método desarrollado por el profesor Alan Monroe en los años 30. Tiene una extraordinaria fuerza persuasiva. Consta de cinco pasos. Aunque nos saca del terreno político, fíjese en este ejemplo que probablemente no le resultará ajeno:

Una pareja de testigos de Jehová visita su casa. Una vez que usted decide abrirles la puerta, comienza su intervención. Ellos conocen que la audiencia es, en el mejor de los casos, indiferente, si no desfavorable a lo que se va a contar.

1º. Una vez le han saludado lo primero que suelen hacer es contarle, de buenas a primeras y sin calmante alguno, que el mundo va a desaparecer: y le dan una fecha estimativa para su conocimiento.

2º. Añaden que, en ese trágico y angustioso momento, habrá unas personas que se van a salvar, y para las que habrá reservado un lugar en el cielo, y otras que se condenarán. Si lo desea, usted puede estar en el primer grupo.

3º. Si quiere ser de las personas que se salven, usted debería reparar en la doctrina de los Testigos de Jehová; darse una vuelta por el Salón del Reino...

4º. Si usted no comulga con esa doctrina (curiosa amenaza, argumento ad baculum), caerán sobre su persona las mayores desgracias que pueda suponer y engrosará las filas del infierno.

5º. Anímese, lea estas revistas que le dejan, coménte-las con ellos pasados unos días y acérquese a conocer a otros 'hermanos', sin ningún compromiso, en el Salón del Reino de los Testigos de Jehová.

Si se fija, en un primer momento, la pareja de devotos llama su atención sobre un problema (primer paso). Se-guidamente, le plantea una necesidad (segundo) y la po-sibilidad de resolverla satisfactoriamente (tercer paso). A continuación, le hacen ver las consecuencias (cuarto) de estar de acuerdo y de no estarlo. Finalmente, le lla-man a la acción (quinto). Estas son las cinco secuencias que debe seguir un buen discurso persuasivo. Una ho-milía, bien preparada, sigue esos mismos pasos. ¿Un mitin o la mayor parte de las intervenciones públicas de políticos? También. Mire:

1. España está gobernada por una oligarquía y una mafia.
2. Es posible acabar con esto o seguir por el mismo ca-mino que nos llevará a más corrupción.
3. Podemos tiene una solución para acabar con esto.
4. Si no votas a Podemos, estarás siendo cómplice de una situación que se ceba con los más desfavorecidos y que sigue enriqueciendo a los de siempre.
5. Vota Podemos.

Como no quiero que se me achaque una u otra tendencia política (nunca se sabe), ahí va otro en sentido contrario.

1. España corre el riesgo de convertirse en Venezuela o en un país bananero
2. Se puede impedir o acabar como un país tercermundista en la misma Europa
3. El PP tiene una solución para evitarlo.
4. Si votas a Podemos te arrepentirás. Por algo no explican sus verdaderas intenciones, cambian de programa y dicen lo que la gente quiere oir.
5. Vota PP

Es probable que una buena parte de los contertulios o analistas que acuden a los programas de radio o de televisión no sigan los pasos referidos en los cuatro primeros métodos descritos para estructurar una argumentación. He dicho 'es probable'. No tengo la certeza. Es cierto que, en el caso de algunos que peregrinan de un programa a otro, resulta difícil de creer que puedan disponer de tiempo suficiente como para desarrollar un proceso laborioso y sólo para una cuestión. ¡Imagine para las cuatro o cinco que se suelen abordar en el transcurso de un programa! La escucha atenta de una tertulia permite llegar a la conclusión de que no todos los colaboradores tienen preparados los temas de la misma manera. Se podrá replicar: "¿Y qué, si solo van a dar su opinión?" Pues no. Dar una opinión o mostrar un punto de vista nada tiene que ver con las afirmaciones gratuitas. La opinión merece la pena ser escuchada cuando está respaldada, justificada. Por otra parte, solventar el 'análisis' de un tema con una opinión no soportada es, además, una falta de respeto a la audiencia que espera que quien cobra por opinar, al menos, se haya esforzado en preparar el tema y en fundamentar su punto de vista.

El procedimiento explicado funciona para la preparación de un debate. Esta afirmación no se contradice con lo expresado anteriormente si se tiene en cuenta lo que constata la realidad: que hay tertulias que en realidad son o se convierten en debates encubiertos.

Cuando se trata de abordar temas de forma más rápida, porque sean varios en poco tiempo, podemos seguir otro método que nos ayuda a enfocar la cuestión sin caer en lo fácil: la opinión sin argumentar, la afirmación gratuita, la primera ocurrencia, la frase feliz. Antes de evitar caer en la tentación de opinar lo primero que se nos viene a la cabeza, puede resultar útil plantearse algunas preguntas.

¿Es verdad?

Por muy sorprendente que resulte la pregunta, a menudo observamos que algunos programas someten a análisis temas que no son ciertos. No porque no lo sean en sí mismos, sino porque el planteamiento no lo es. Suele ocurrir cuando se pide el análisis de la declaración sobre el tema que ha hecho un político. Es un clásico en las tertulias políticas: discutir sobre declaraciones. (En realidad, también lo es en el periodismo español: periodismo fundamentalmente de declaraciones y con honrosas excepciones, de temas). Cuando el secretario general de Podemos, acudió en diciembre de 2014 a Televisión Española para ser entrevistado en el programa *La Noche en 24 horas* se produjo una situación que polarizó el debate posterior a la intervención. No pocos medios de comunicación aseguraron que el presentador había "felicitado" a Pablo Iglesias por la excarcelación de etarras (que se había producido esa misma mañana); otros aseguraban que el periodista había dado la "enhorabuena" al político; y otros, que había afirmado en vez de preguntar... Fue objeto de debate y de análisis, con mayor o menor extensión, en todas las cadenas de radio y televisión de ámbito nacional. Así se presentó la 'noticia' y, partir de ahí, los colaboradores hicieron las consideraciones que les parecieron. Pero, ¿era verdad? ¿El presentador había felicitado o dado la enhorabuena al político? ¿Había afirmado?

Veamos la transcripción de ese fragmento de la entrevista.

> Presentador: *En internet hay vídeos, del pasado lejano, muchos, muchísimos, y hay uno en el que hemos visto a Pablo Iglesias defender la salida de los presos de ETA de las cárceles.*

Esta semana está usted de enhorabuena entonces…

Pablo Iglesias. *No es un problema de enhorabuena, y que nadie juegue con el dolor de las víctimas (…).*

El presentador interrumpe: *"Para quien no sepa por qué he hecho la pregunta, esta semana hemos visto a varios terroristas de ETA con muchos crímenes a sus espaldas saliendo de las cárceles, por eso se lo he preguntado".*

Pablo Iglesias: *Sí, pero no es un problema de enhorabuena. En este país ha hecho política penitenciaria para sacar a los presos de ETA de las cárceles el Partido Popular y el Partido Socialista. ¿El Partido Socialista se reunió con ETA en Argel sí o no? Sí. ¿El Partido Popular se reunió con ETA? Sí. ¿Quién habló de Movimiento Vasco de Liberación? José María Aznar. ¿Y cuál ha sido el principal instrumento que han utilizado los gobiernos españoles para negociar con ETA? Política penitenciaria. Hace dos semanas yo estuve en el Parlamento europeo votando con el PP. El PP y Podemos votando juntos. ¿Qué pudimos votar juntos el PP y Podemos? Votamos una resolución de apoyo al proceso de paz en Irlanda (….)*

¿Acaso felicita el presentador al político? ¿Afirma que está de enhorabuena? ¿O quizá le está preguntando si está de enhorabuena como consecuencia de haber manifestado que la excarcelación de los presos de ETA era la forma de solucionar el 'conflicto', toda vez que ya se habían producido algunas? ¿No es acaso una pregunta coherente con un sencillo planteamiento de causa efecto?

Por otra parte, si alguien mantiene que una determinada política es la clave para solucionar un problema y, por fin, se pone en práctica ¿no es lógico que quien la haya propuesto esté de enhorabuena al ver que, ahora sí, va a ser posible resolver el problema, según su punto de vista? Por tanto, la respuesta de Pablo Iglesias debería haber sido, por ejemplo: "Desde luego que estoy de enhorabuena. Pero no sólo yo. También deberían estarlo aquellos que creen que es necesario aplicar la política penitenciaria con inteligencia y con un solo objetivo: resolver de una vez un conflicto que ha provocado numerosas víctimas. Así lo creyó el PSOE. Y el PP también, aunque no quiera reconocerlo por intereses electoralistas. Yo soy muy claro en temas fundamentales". Otra cosa es que quizá no le resultara cómodo reconocerlo delante de miles de espectadores y por eso se sintiera obligado a advertir que el hecho de estar de enhorabuena no es incompatible con entender que las víctimas pueden tener toda la razón al manifestar su oposición, y que comprende que para ellas la solución debe ser otra.

Otra de las líneas de debate en las tertulias y en los programas que siguieron se refería a que el presentador no había preguntado sino afirmado; incluso insultado.

Cualquiera que se haya molestado en leer sobre estrategias de argumentación o sobre Retórica clásica o política podrá comprobar que una pregunta jamás podrá ser un insulto, porque un insulto es una afirmación. Dicho de otro modo, con una pregunta jamás se afirma, precisamente porque se pregunta.

Algunos analistas aseguraron que no era una pregunta planteada como tal. Suponer que sólo se pregunta cuando la inflexión de la voz dibuja la curva de entonación propia de los interrogantes resulta de una simpleza extraordinaria. Mire el vídeo y fíjese cómo tras el "entonces" hay puntos suspensivos, pausa valorativa, y una mirada al político, esperando la respuesta.

La tercera línea de análisis cuestionaba la conveniencia de la pregunta, formulada de esa manera. Asumamos incluso que la pregunta es repugnante (aunque si se refiere a una realidad objetiva no es la pregunta la que produce el asco) y convengamos que es impropio de una televisión pública, como se ha dicho (como dando a entender que en la privada no habría nada que objetar, lo que supone que el debate no es sobre el ejercicio profesional sino sobre el medio en que se desarrolla).

La BBC es con razón un referente. Este año se jubiló el que quizá haya sido el mejor entrevistador en los últimos años, Jeremy Paxman. Incisivo y mordaz (porque eso también procede en una televisión sea pública o privada) en 2013 entrevistó a la secretaria de estado de hacienda del gobierno británico. Esta es la última pregunta de un referente de la más prestigiada televisión pública:

> *¿Se ha planteado alguna vez que quizás es usted una incompetente?*

Pero allí no sólo no pasó nada sino que la pregunta, una entre muchas, contribuyó al prestigio de un profesional brillante. Y quizá había ingleses que de buen agrado le habrían espetado no la pregunta sino la afirmación.

Puede que usted piense que el hecho de que se haya presenciado en la BBC no justifica nada. Estoy de acuerdo. Aunque en la profesión periodística no hay ninguna duda sobre la autoridad de este ejemplo. Pero entonces no nos fijemos en esa cadena como modelo. Por otra parte, esa pregunta no fue un 'desliz' del periodista sino la tónica en más de 20 años de ejercicio profesional... Eso sí, en la BBC.

Ahora bien. ¿Se podría haber formulado la pregunta de otra manera menos cruda y que evitara la sensación que produjo? Desde luego.

¿Es relevante?

Otro ejemplo tomado de la actualidad y que fue objeto de comentario en diferentes programas y secciones de tertulia:

Se conoce la fecha en la que Jordi Pujol deberá ir a declarar por presunto delito fiscal y blanqueo de capitales.

¿Es un asunto relevante como para preparar argumentos y ser sometido a análisis? Probablemente, no. Lo es que se le investigue (por la sorpresa que supone, el escándalo que se inicia, la extrañeza que genera); lo es que se le impute (porque significa que hay indicios de la comisión de delitos); lo será lo que diga en el juicio y, finalmente, la sentencia y las consecuencias que ello tenga. ¿Pero que se conozca la fecha? Hay veces en las que los presentadores de los espacios de tertulia proponen temas que, desde un punto de vista crítico, no son relevantes y que deben ser tomados como 'percha' o excusa para argumentar sobre cuestiones colaterales al tema, relacionadas de alguna manera sin que sea el tema en sí mismo. Si no se procede de esta manera, el asunto no tiene ningún recorrido y el analista crítico quizá debería resolver afirmando 'No me parece relevante para un análisis', comentario que rara vez se escucha en algún programa y que, probablemente, incomodaría al propio presentador al sentir cuestionado su criterio en la selección de los temas.

¿Por qué?

Es la pregunta que nos deberíamos hacer constantemente: ¿Por qué ha ocurrido algo? ¿Por qué es noticia? ¿Por qué alguien dice lo que dice? La respuesta nos remite a las causas probables de las cosas o a su explicación. Conocer las motivaciones, ayudar a orientar el análisis posterior. De esta manera podemos comprobar que no hay razón para someter a análisis determinados asuntos; que no hay noticia donde parece que la hay, simplemente porque es publicada o difundida.

Suponer que es noticia (y que, por tanto, es potencialmente analizable) todo lo que aparece en un programa informativo implicaría asumir que los criterios que manejan los medios son siempre – insisto, siempre- profesionales. Que la aplicación de los criterios de noticiabilidad se cumple en todos los casos. Si así fuera, no sería necesario cuestionar si algo que aparece como noticia lo es o no lo es. Pero no ocurre así. Intereses políticos y empresariales –fundamentalmente- condicionan la acción de los medios. Ese condicionamiento se evidencia en la creación de noticias que no son tales, o en la ocultación de otras que sí lo son y que no aparecen. Por ejemplo: cuando un informativo de televisión incluye una noticia sobre un reality show del propio canal. O cuando una cadena de radio no da la cuenta de resultados de la empresa que más invierte en publicidad en esa emisora, en caso de que no sean positivos. O cuando un periódico habla de determinados premios que concede el grupo de comunicación al que pertenece e ignora deliberadamente los organizados por otros medios que, quizá, pueden ser hasta más relevantes.

Todas las tertulias y los programas de debate se sostienen en la actualidad, en las noticias que se producen cada día. El contenido, por tanto, está servido. Siempre hay cosas sobre las que hablar; asunto distinto es si son más o menos trascendentes. ¡Incluso los días en que no se publica el periódico pasan cosas! Hemos asistido durante más de un año al análisis de declaraciones de la vicepresidenta del gobierno sobre Cataluña en las que se limitaba a decir que "la ley está para cumplirla". Si es noticia, si es digno de análisis, si exige un esfuerzo argumental, que una de las principales autoridades del Estado asegure semejante evidencia, entonces algo falla. Porque parece evidente que si dijera que "hay algunas leyes que se deben cumplir pero hombre, hay algunas otras que en realidad si no se cumplen tampoco es que pase nada ni se vaya a acabar el mundo", (declaración ficticia), entonces sí habría motivo para el análisis. Por tanto, no parece sensato que sea noticia una cosa y la contraria. Podríamos forzar un poco e interpretar que una declaración de puro sentido común es una 'advertencia' a Artur Mas. Y, a partir de ahí, desarrollar una tentativa de análisis. Pero insisto: es forzar demasiado considerar una advertencia el recordatorio de que una ley existe para que se cumpla.

¿A quién beneficia y a quién perjudica?

Es una pregunta que puede aportar una visión distinta del tema sobre el que se discute. Las filtraciones a los medios de comunicación suelen ser de temas de gran impacto: escándalos, corruptelas, delitos… Acaparan los

análisis durante días. Hace unos meses estuvimos entre-
tenidos –y los espacios de análisis político saturados- con
las andanzas de un joven con "florida ideación delirante
de tipo megalomaníaco". Poco que añadir a la brillante
definición de la jueza (no ya porque lo que cuente, si es
verdad, sea consecuencia de alguien con ese perfil sino
porque sus intervenciones públicas lo constatan –haya o
no cometido algún delito-). Hubo quienes se centraron
en las implicaciones institucionales, en cómo pudo ocurrir lo que supuestamente ocurrió, la responsabilidad de
algunos políticos y hasta quienes sugirieron algún 'análisis' sobre la juventud en España (olvidando que, para
que no fuera una solemne estupidez, el caso no debería
haber sido uno y, si fueran varios, deberían ser –como se
ha explicado- suficientes, relevantes y significativos).
Meses antes de que el personaje fuera detenido y de que
empezara a largar lo que no está escrito, cuando aún
nadie sospechaba nada, un programa de una televisión
privada ya lo conocía casi todo. El Mundo se adelantó y
el reportaje que le habían grabado ya no sirvió para la exclusiva. Pero, ¿quién cree que lo filtró primero a ese canal
y después al periódico? ¿Con qué fin? Dicho de otro
modo: ¿a quién beneficia y a quién perjudica que se haya
sabido lo que, supuestamente, ha ocurrido?

¿Y si…?

Reflexionar sobre lo que no se somete a análisis es otra
formar de pensar sobre lo que se propone. Puede parecer
una contradicción pero no lo es. Es más, permite realizar

una valoración más amplia del tema y cuestionar incluso alguna de las conclusiones a las que se podría llegar si no se hiciera.

Hace unos meses, el secretario general del PSOE, dijo que "daba libertad" a sus candidatos a las elecciones municipales y autonómicas para estudiar pactos con todos los partidos "menos con Bildu y el PP". Más allá de que la expresión "dar libertad" podría hacernos pensar sobre el funcionamiento interno de los partidos, sobre su 'disciplina'... centrémonos en la segunda parte, que propició numerosas críticas al socialista por poner en el mismo plano a un partido compuesto por algunos miembros próximos a los terroristas de ETA y a otro en el que han militado políticos asesinados y otros amenazados por esa organización terrorista. La declaración de la que se hicieron eco los medios de comunicación no fue afortunada y parece indudable que los motivos por los que había tomado la decisión sobre Bildu nada tenían que ver con los que justifican para él no pactar con el PP.

El análisis se puede centrar en la pertinencia de la declaración, en la torpeza, en las consecuencias que podía tener en los posibles pactos postelectorales... Pero ¿y si sólo se hubiera referido a Bildu? ¿Y si sólo hubiera mencionado al PP? ¿Y si hubiera "dado libertad" para pactar con cualquiera? La respuesta a esas preguntas no sólo dibuja nuevos escenarios para el análisis sino que también nos permite llegar a otras conclusiones que pueden complementar la reflexión inicial e, incluso, poner en cuestión algunas conclusiones a las que podríamos haber llegado si no se hubieran formulado.

¿Y si la presidenta de Andalucía hubiera obtenido mayoría absoluta? Quizá no habríamos cuestionado el complejo panorama político que se adivinaba en todo el país con dos nuevas formaciones con llave para el gobierno en diferentes municipios y comunidades en donde el PSOE no está tan bien asentado como en Andalucía.

Es decir, plantear otras hipótesis (¿Y si...? ¿Qué habría ocurrido si...?) nos ayuda a reflexionar más allá de lo evidente, pero sin perder de vista que nos movemos en escenarios hipotéticos y que, por tanto, empezamos a jugar con probabilidades y no con certezas.

¿Podemos ampliar el foco?

Cuando utilizamos los escándalos de corrupción para cuestionarnos sobre el valor de la democracia; o al conocer tres o cuatro casos de acoso escolar ocurridos en un corto espacio de tiempo para pensar sobre la juventud, el sistema de valores; cuando nos fijamos en prácticas que nos resultan aberrantes en países con otras culturas para reflexionar sobre si es posible y hasta qué punto el entendimiento entre diferentes culturas... Entonces estamos ampliando el foco. Nuestro análisis se vuelve más global y trasciende el detalle, el caso específico que pareciera ser el centro de atención y que, habitualmente, lo es. Se trata de elevar el tema. De aprovechar lo ocurrido para plantear una argumentación que no se queda en el hecho sino que obliga a pensar en unas dimensiones más ambiciosas. No suele ser lo habitual en las tertulias, donde la falta de tiempo, el ritmo vertiginoso, los otros temas que esperan a ser abordados, establecen una tiranía que resulta muy difícil de combatir. Quizá no se trata de entrar en profundidad en esas consideraciones pero sí al menos sugerirlas. De esa forma se contribuye con seriedad y solvencia al desarrollo del pensamiento crítico, a la formación de una opinión pública que no se queda en lo coyuntural, en lo pasajero. Porque la corrupción no se acaba cuando todos los corruptos estén en la cárcel y devuelvan lo que se han llevado; ni el acoso desaparece cuando los responsables paguen por lo que han hecho; ni la relación entre los países y las diferentes culturas se desarrolla con normalidad mientras no volvamos a conocer noticias que nos parecen sacadas de otro tiempo.

Fijarse en si se da respuesta, más o menos implícita, a estas preguntas nos puede permitir concluir si el tertuliano, el político, el periodista ha preparado su intervención o no.

Aunque lo más preocupante, al menos desde mi punto de vista, es olvidarse o renunciar a la responsabilidad pública del analista o del tertuliano que tiene la suerte de poder decir públicamente lo que piensa. Es evidente que no es lo mismo olvidarse que renunciar. Olvidarse no es premeditado. Uno no se propone que se le olvide algo. Renunciar, sí. Porque eso implica que son otros los intereses que se defienden y no el que, considero, debería ser prioritario: contribuir a crear una opinión pública informada, sólida, solvente. En realidad eso no es objetivo exclusivo de un sólo contertulio, de forma aislada. Es la consecuencia de la acción conjunta, entre otros factores (la opinión pública no se forma exclusivamente a partir de lo que se ve o escucha en un programa de televisión). Por eso he utilizado el verbo 'contribuir'.

¿Para qué le sirve a la audiencia lo que estoy contando? Quizá debería ser la pregunta que se tendrían que hacer quienes participan de este tipo de programas después de haber preparado sus argumentos pero antes de exponerlos. Desconozco si se la formulan o no. Pero no considerar la extraordinaria capacidad de influencia que pueden llegar a tener sus argumentos en quien escucha (sobre todo en quien lo hace sin cuestionar, sin aplicar el pensamiento crítico) es una muestra de notable irresponsabilidad.

El espectacular incremento de este tipo de formatos en televisión en los últimos años constata una evidencia: interesan. Por tanto, dan audiencia. Son formatos relativamente económicos con muy poco trabajo de producción que no exigen grandes despliegues ni consumo de recursos: seleccionar los temas y pagar a los colaboradores. Si la actualidad brinda los temas, además de tener criterio en su selección, el principal reto radica en la selección de quienes participan. En dar con los perfiles. Y es ahí, precisamente, en donde se puede observar qué busca el director del programa o el responsable último que hace el 'casting' a los tertulianos.

Son varios los criterios que se manejan al tomar esa decisión, que es clave para que el programa o la sección funcionen. Ser más o menos conocido, tener una tendencia política más o menos marcada, entender la 'narrativa' de un programa (tiempos, ritmo, formas) y ser capaz de adaptarse a ella, dar juego, tener capacidad expositiva… Hay otros criterios menos profesionales pero que no vienen al caso. El equilibrio, muy complejo, en esos factores determina la selección profesional de los participantes. Insisto en que luego hay otros: sólo de esa manera se explican por qué están unos y por qué no están otros (al margen del contraargumento fácil de que "no pueden estar todos", que es una obviedad).

Además de los criterios en la selección y de las dinámicas de estos programas (que no es objeto de este texto) la idea fundamental en la que incide esta reflexión es la importancia de distinguir entre defender posiciones y analizar lo que ocurre. Se podría argumentar que la defensa de posiciones también contribuye a forjar una opinión pública responsable pero que, en este caso, es la audiencia quien debe hacer el trabajo de síntesis y el filtrado de argumentos, sabiendo diferenciar lo que hay de defensa y lo que hay de análisis en cada intervención. Es cierto. Pero entonces convendría hacer dos observaciones: no definamos como tertulia lo que es debate; asumamos que hay una cierta renuncia a la necesidad de acercarse a los temas con la mayor asepsia posible, con pretensión de objetividad, y con el fin último de contribuir a conocer las cosas desde todas las perspectivas posibles que, en la mayor parte de los temas, no se reducen a estar a favor o en contra, a significar que está bien o mal o a pronunciarse sobre la bondad o conveniencia de una cosa o la maldad e inconveniencia de la otra.

14. ALGUNAS TÉCNICAS PARA EL DEBATE

Hemos repetido en numerosas ocasiones que el pensamiento crítico busca el análisis profundo de las cosas, sin sectarismos, defensas de posturas, dependencias, observancia de intereses... Sin embargo, en los debates se persigue la defensa de un punto de vista. La argumentación está al servicio de una postura y, aunque ello no impida reconocer bondades en la argumentación del contrario, existen técnicas para que nuestros argumentos resulten más contundentes (o lo parezcan) y para dificultar en cierto modo las potenciales refutaciones de la parte contraria. Éstas son algunas:

a. Anticiparse a las refutaciones.
Quien da primero da dos veces. Pues eso. Si se supone que la otra parte cuestionará algún punto de nuestra ar-

gumentación, lo mejor es anticiparse. Esgrimir las posibles debilidades y rebatirlas uno mismo. De esta manera, pierde sentido que el oponente traiga a colación, como gran novedad, haber descubierto un punto débil en el argumento cuando ya lo ha esgrimido el mismo que lo mantiene. Esta circunstancia podría producirse si nos referimos a las excepciones, ésas que debilitan o anulan el argumento. No tendría mucho sentido refutar una falacia en la que incurrimos conscientemente. En ese caso, mejor no utilizarla.

Esta técnica resulta muy efectiva ante la audiencia. En primer lugar, traslada la sensación de honestidad y de sensatez, que se produce cuando uno mismo reconoce los aspectos menos contundentes en su propio argumento. Asienta la idea de que no se busca convencer a toda costa, que no se está en disposición de la verdad absoluta y que se es razonable. Pero por otra parte, minimiza la contundencia potencial del contrario que ya no 'descubre' una debilidad y la echa en cara. Si decide hacer referencia a ella no pillará de sorpresa a la audiencia, que no percibirá ninguna novedad en la refutación. Por ejemplo: si se quiere argumentar que la imputación de un político es motivo suficiente para que dimita, la anticipación puede producirse de la siguiente manera.

Soy consciente de que no se debe actuar en caliente, de que hay que tener cuidado con dar la impresión de que la sola sospecha es sufi-

*ciente para fulminar la carrera de un político
y de que incluso corremos el riesgo de penali-
zar injustamente. Pero hablo de una responsabilidad política, de que los políticos deben
ser honestos y parecerlo y de que la única pena,
justa o injusta, es la que imponga una sentencia, no la política.*

Hay tres motivos al inicio de esta intervención simu-
lada que podrían ser posibles refutaciones. Pues en la intervención se explicitan y se contestan con las tres
siguientes.

b. Establecer un dilema.

No un falso dilema. Esto último es una falacia y no parece una manera razonable de refutar un argumento,
fundamentalmente porque si la otra parte lo detecta
nos habremos caído con todo el equipo. Para poder establecer un dilema y poner contra las cuerdas a la otra
parte es necesario estar muy pendiente del argumento
que esgrime para dar con aquel punto que, guardando
relación con lo que mantiene, le coloque en una tesi-
tura complicada porque cualquiera de las dos opciones
propuestas son negativas. Supongamos que alguien
mantiene que hay que votar a Podemos ya que lo único
que importa es echar al PP del Gobierno porque ha incumplido el programa electoral, porque ha hecho
frente a varios escándalos de corrupción, porque es
'casta'...

Está bien. Si Podemos alcanza la mayoría y llega al Gobierno dirigirá el país una formación que ni se sabe qué pretende, que insiste en ocultar lo que piensa, cuyo único papel es criticar y que cambia de criterio cuando le apetece utilizando políticamente el hartazgo; y si no consigue la mayoría, tendremos un Congreso dividido, inestable e ingobernable que obligará a un adelanto de las elecciones.

c. Cambiar las tornas.

Así podríamos traducir lo que la literatura norteamericana en argumentación define como 'turning the tables'. La refutación en esta situación suele comenzar por "precisamente por eso" o "por esa misma razón" y llegar a una conclusión distinta o contraria que la que mantiene quien argumenta. Es una refutación de una extraordinaria fuerza porque quien rebate utiliza exactamente los mismos motivos para llegar a la conclusión que él mismo sostiene. Por ejemplo:

Los ciudadanos deben tener la certeza de que se sabe aprender de los errores, que es posible tener garantías de que las cosas se harán bien y que es fundamental asegurar la estabilidad. Por eso deben votar al PP.
Estoy de acuerdo en cada una de las razones. Precisamente por esas mismas deben votar al PSOE.

[198]

Se utilizan las mismas evidencias que la otra parte pero para llegar a nuestra propia conclusión. Es como dar de beber de la misma medicina. Se admite la validez del argumento de la otra parte que sirve no para negar la propia postura sino para afirmarla.

d. Reducción al absurdo.

Esta prueba implica asumir por un instante lo contrario de lo que queremos probar, o negarlo, y demostrar que eso nos llevaría a una conclusión absurda, falsa, indeseable... Por tanto, lo que queremos probar debe ser cierto. Es una forma de argumentación indirecta que conviene no confundir con sugerir que el argumento que mantiene la otra parte es absurdo. La reducción al absurdo es una prueba que nada tiene que ver con ridiculizar al contrario. Ejemplo:

> *De acuerdo, supongamos por un instante que no hay que ampliar el presupuesto para armamento como usted dice. El Ejército considera que la infraestructura de que disponen está anticuada y no permite el ejercicio de su trabajo. Si nos encontráramos en una situación crítica donde tuviera que actuar el ejército, por ejemplo, ante un temporal, no podríamos hacer nada ni ayudar a los ciudadanos. Como imagino que no queremos que eso ocurra, habrá que aumentar el presupuesto para armamento.*

e. Minimización.

Minimizar el significado de los argumentos de la otra parte supone afirmar que la conclusión que mantiene es cierta pero poco significativa en relación a otras conclusiones que se presentan como más contundentes o de mayor alcance. Se suele utilizar, por ejemplo, con las interpretaciones estadísticas.

> *Es evidente que la reforma laboral del gobierno da resultados positivos. En el último trimestre el desempleo ha descendido.*
> *Señoría, los ciudadanos no viven por trimestres. Desde que ustedes llegaron al gobierno hace cuatro años el paro se ha incrementado en 6 puntos.*

Quien replica, minimiza el dato ofrecido por quien respalda la proposición, haciendo una interpretación más amplia. En vez de referirse a tres meses – que es la noticia positiva– elige una legislatura (cuatro años) para resituar la trascendencia del dato. Hay otro dato negativo más contundente que permite afirmar que, aún siendo cierta la conclusión, no es tan significativa como pudiera parecer.

4. Mostrar el impacto de la refutación sobre el argumento de la otra parte.

Recordemos que, para refutar, habíamos dado ya tres pasos: establecer y dejar bien asentada la cuestión que será rebatida; exponer qué puntos sostendrán la refutación; y refutar. El último es evidenciar en qué medida impacta la refutación en el argumento que se estaba sosteniendo. Si lo debilita, si lo anula, si lo redefine... Es una especie de resumen que devuelve la pelota al tejado contrario. Por ejemplo:

> *Usted ha dicho literalmente que por fin ha llegado la estabilidad a España. Y creo que tiene razón por tres motivos: en lo económico, el nivel de consumo sigue siendo el mismo según los últimos datos del PIB; en lo social, se consolida la desigualdad en España, tal y como recoge Unicef y Caritas; y en lo político el PP sigue sin tomar las medidas estructurales que anunció. Por tanto, es cierto: la miseria y la falta de actividad permanecen estables... pero dentro de la gravedad.*

Esta propuesta de respuesta debe ser adecuadamente interpretada. Si desde "la miseria" hasta "gravedad" se le da un tono irónico, la refutación resulta más contundente. No es necesario explicitar que se ha anulado o debilitado sustancialmente el argumento que ha esgrimido la otra parte; se deja entrever y la audiencia puede sacar conclusiones no sólo por lo que se dice sino también – y no menos importante– por cómo se dice.

15. LOS PRINCIPIOS DEL BUEN POLEMISTA

Como hemos venido manteniendo en el texto, la mayor parte de las parrillas de televisión están repletas de programas de análisis político. Algunos con el formato de tertulia y que son tertulias. Otros con ese formato, pero que en realidad son debates. Y otros, que lo son sin otro revestimiento. Otra de las ideas que se ha pretendido dejar bien asentada es que el pensamiento crítico busca llegar al fondo de las cosas, escudriñar la cuestión hasta donde sea posible. Quien lo desarrolla al abordar una cuestión no pretende ganar, ni vapulear, ni salir bien parado... El debate es otra cosa porque el fin último es distinto. Ello no supone que quienes participen en un debate no utilicen los recursos del pensador crítico. La diferencia radica en que lo hacen en su propio beneficio y si para ello deben hacer uso de falacias, de razonamientos incompletos, lo harán. Si para conseguirlo pueden eludir la carga de la prueba o invertirla, lo harán. Si es necesario descalificar o ridiculizar lamentablemente algunos también lo harán. Recupero las siguientes reflexiones y 'principios' que escribí en *Una forma de hablar*, un pequeño texto publicado en 2004.

Para debatir no es suficiente con tener unas ideas (incluso hasta sería deseable, aunque a menudo parece que no es imprescindible) y hablar. El debate requiere una preparación, una presentación, unas normas.

Debatir y discutir – que no es lo mismo – son dos ejercicios tan saludables como hacer deporte, con la salvedad de que en este caso el 'músculo' que se trabaja es el que está dentro de la cabeza y con el aliciente de que no se exhibe sólo en el verano sino durante todo el año, toda la vida. Habrá encontrado en alguna ocasión personas que dicen que "no quieren discutir, sino dialogar". Cuidado con la expresión porque, según de quien proceda, puede ser una estrategia para ablandar la situación y llevarle al huerto (de la retórica, se entiende) o puede que se encuentre ante una de las muchas personas que consideren que se consigue más dialogando que discutiendo. Es innegable que el término 'discusión' se asocia a violencia verbal, a agresividad, si bien en sentido estricto no es cierto. Es más, el debate admitiría de mejor agrado esa connotación violenta, agresiva.

La discusión no es más que un contraste de idas pero sin carga 'violenta'. Se pretende resolver un asunto desde posiciones distintas pero en un contexto pacífico. En cambio el debate implica competición, y, fundamentalmente, se distingue de la discusión en que, mientras que en ésta nadie dirime quién vence y quién no, en el debate existe la figura del juez (ya sea el público, la audiencia, un jurado...) que determina quién ha vencido en la contienda dialéctica. Sin embargo, el debate, sin más, tampoco implica necesariamente 'agresividad'. En el caso de que ésta exista, estaríamos hablando más bien de 'polémica'. Observamos entonces que con frecuencia se confunden los términos y, si el presupuesto del que partimos es erróneo y las premisas infundadas, el desarrollo puede ser tremendo.

El polemista busca en un debate por una parte conseguir que su tesis sea la que predomine y, por otra, debilitar o anular la del contrario. Incluso, a veces, hasta al propio contrario. No oculto que aficionarse al arte y la técnica del debate reporta notables satisfacciones, esencialmente de carácter intelectual y a menudo actúa como una suerte de catarsis. El debate es un juego dialéctico, o una guerra, como quiera. Puede ser noble o villano, puede intentar dirigirlo o dejarse llevar. Es, en definitiva, una delicia para cuyo disfrute lo único que es preciso es querer. El debate y la discusión, como el anuncio de una bebida refrescante conocida de fórmula desconocida, están hechos para los hombres, para las mujeres, para

los niños, para las niñas, para los felices, para los angus-
tiados, para los solteros, para los casados, para los de iz-
quierdas, para los de derechas: para usted.

Para la práctica del debate hay, a veces, normas escritas
(si hablamos de debate parlamentario en lo que a turnos
y tiempos se refiere, o a debate en el ámbito académico
– en el que Estados Unidos e Inglaterra cuentan con una
envidiable tradición –) pero, la mayor parte de las veces
en las que debatimos, las normas no van más allá de las
que aconseja el sentido común, referidas esencialmente
a la cortesía a la hora de dejar hablar a la otra parte, y el
respeto, en lo que al vocabulario utilizado se refiere (dos
normas muy sencillas que sin embargo no se respetan
siempre).

Veamos a continuación lo que podríamos denominar
'**Principios fundamentales del buen polemista**'.

1. El buen polemista no pretende jamás convencer de
nada al adversario.
Es que le parece absurdo porque conoce cuál es la finalidad del debate. No debemos olvidar que en un debate
existe un juez. Unas veces serán los amigos quienes pre-
sencien el debate y tendrán que dirimir quién 'se lleva
el gato al agua'; otras veces será decisión de un tribunal
(en el caso de algunos juicios); otras, la audiencia, cuando
es transmitido por televisión o por la radio; otras, los
electores, si se trata de un debate electoral.

Resulta absurdo perder el tiempo intentando convencer a la parte contraria. El buen polemista debe centrarse en su audiencia. Es a ella a quien debe persuadir, a quien debe llevar a su terreno. Si, de paso, se lleva a la otra parte, se habrá ganado el cielo (pero no es lo más habitual, salvo que la parte contraria no tenga muy claras sus ideas). El buen polemista utiliza a la parte contraria para ganarse a la audiencia. Considera al contrario como un medio para llegar al auditorio y acercarlo a su postura. Utiliza al oponente para poner en práctica sus técnicas y sus estrategias, pero sólo como un medio, como un camino, para alcanzar su objetivo: obtener el parabién de la audiencia.

2. El buen polemista elige el sector de la audiencia a la que se quiere dirigir.

Fundamentalmente en el ámbito político, el polemista, cuando debate, no se dirige a todo el mundo, sino a aquella parte de la audiencia a la que le interesa hacer llegar sus reflexiones y planteamientos. No resulta práctico hablar a todo el mundo, sin ningún tipo de distinción. Ello obliga, muchas veces, a desarrollar un discurso excesivamente genérico, vago, que obliga al polemista a nadar entre dos aguas, a satisfacer todos los gustos, filias y fobias. Por tanto, entiende que debe delimitar el sector de la audiencia al que se dirige y encaminar sus esfuerzos en esa dirección. Continuando con la política, esta regla se hace patente en periodo electoral. En los debates electorales, el buen político / polemista sabe que debe centrar sus argumentos en los indecisos. No tiene mucho sentido perder tiempo en quienes piensan como él, puesto que es un terreno ya trabajado y que por sí sólo da frutos (a no ser que se busque, y se puede hacer de paso, un efecto de afianzamiento – como ocurre en los mítines –), ni tampoco a quienes piensan de forma contraria porque por una parte, conseguir que cambien de parecer o que duden a raíz de un debate es una tarea muy complicada (pero no imposible) y por otra, porque conviene no olvidar que su oponente se encargará, también de paso, de cumplir con esa función de afianzamiento cuando mantenga sus posiciones.

3. El buen polemista es quien primero define los términos del debate.

Ello no significa que, si se le ha invitado a hablar sobre los efectos de la despenalización del consumo de hachís, nada más presentarse, aclare que a él lo que le interesa es conocer de qué manera afecta a las mujeres que el derecho al aborto no sea penalizado en ninguna de las situaciones. El buen polemista es quien primero acota los términos en los que se enuncia el debate, define los conceptos (a su favor, claro está) para de esa manera llevar la discusión por el camino que más le interese. Por ejemplo, en el tema propuesto, si el buen polemista está a favor de la despenalización intentará, en primer término, distinguir entre 'despenalización' y 'legalización' para evitar de esa manera que el contrario centre el debate en los "graves problemas que puede generar que las drogas sean vendidas en establecimientos autorizados" aunque bajo severo control gubernamental.

4. El buen polemista prefiere preguntar a responder.

Quien está versado en el arte y la técnica del debate, sabe que las preguntas del contrario, salvo que sea un incompetente, las carga el diablo. Por eso, prefiere ser él quien pregunta a quien responde, y más aún cuando la pregunta procede de la parte contraria. Eso significa que si se trata de un debate en el que exista la figura de moderador, el buen polemista sabe que a veces ni siquiera interesa contestar a las preguntas que el propio moderador plantea. Por eso, sus recursos son innumerables cuando el oponente le lanza una pregunta y sabe que, en vez de contestarla, el tiempo de respuesta es un tiempo glorioso para lanzar su propio mensaje o para cambiar el rumbo del debate. Sigamos con el mismo ejemplo.

> – *¿Está usted a favor entonces de que se despenalice el consumo de hachís?*
> – *No creo que esa sea la pregunta más acertada para arrojar luz sobre este debate. Quizá sería mejor preguntarse ¿cuáles son los efectos positivos de criminalizarlo?*
> En esta situación, la otra parte podría contestar:
> – *Deje que sea la audiencia quien determine si la pregunta es o no es procedente. Mientras tanto, déme una respuesta, si la tiene. O:*

*– No intente cambiar el tema del debate y res-
ponda, si puede.*
A lo que se podría responder:
*– Parece que no se conforma con preguntar
sino que también pretende responder por mí.
Ya le he respondido. Otra cosa es que mi respuesta no sea la que usted esperaba o, simplemente, no la entienda.*

Quien maneja con destreza la técnica del debate, sabe
cómo emplear la falacia de la pregunta múltiple. Parece
que pregunta por una cuestión, pero en realidad lo está
haciendo, al menos por dos. Si, en un debate, se pregunta
a un político:

¿Cuándo dejarán de robar a los ciudadanos?

Además de la generalización precipitada, responder a esa
pregunta implica hacerlo también a otra que no se formula.
A saber. ¿Roban a los ciudadanos? Si se responde: "Hemos
aprobado medidas para..." se asume implícitamente que
se roba (y quizá relacionar el robo y la corrupción exija
algún matiz) y, además, parece que se indica no tanto una
fecha sino medidas propuestas. En este caso, curiosamente, se estaría respondiendo a la parte implícita de la
pregunta con una pista falsa. En fin: un desastre.

Este ejemplo es más claro, si bien el anterior no es infrecuente.

¿Cuándo dirá cuánto dinero se ha llevado de la Gurtel?

Responder al cuándo implica reconocer otra pregunta afirmativamente a otra pregunta implícita: ¿se ha llevado dinero de la Gurtel?

Además, el buen polemista no tiene reparo en contestar con una pregunta, si bien no considero que sea lo más elegante, máxime cuando existen técnicas que permiten responder sin necesidad de hacerlo con otra pregunta. Así, a la primera cuestión, el polemista podría responder:

¿Está usted a favor de criminalizar al X % de la población española que consume hachís?

5. Un buen polemista repite, repite y si le queda tiempo, vuelve a repetir.

Esto no significa que quien sabe debatir mantiene un discurso autista ajeno a los retos que le plantea la parte contraria, a los intereses de la audiencia, y que permanece encerrado en sí mismo todo el tiempo que dura el debate. Pero el buen polemista conoce y aplica una de las máximas de la propaganda: la repetición. Las mayores sandeces, convenientemente repetidas, se tornan en verdades, y a veces, hasta en máximas para la historia. "Créanme. Saddam Hussein tiene armas de destrucción masiva" (José María Aznar).

6. Un buen polemista sabe utilizar el mismo argumento de varias formas.

Esto le permite no sólo utilizar sus propios argumentos a su antojo, sino, y lo que es mejor, los del contrario. Un buen polemista sabe darle la vuelta al argumento del contrario, incluso con sus propias palabras, y ponerlo de su parte. Sabe conseguir que la flecha que lanza el contrario se torne en ligera pluma fácilmente manejable hasta que se le da la vuelta y se le vuelve a arrojar a quien la lanzó pero con más fuerza aún, si cabe. El buen polemista no sólo trabaja con sus propios mensajes. Es suficientemente hábil y está pendiente del debate para utilizar las expresiones de la otra parte en provecho propio y conseguir que lo que es una crítica hacia él se torne en un halago.

– Usted critica esta medida porque le afecta.
– Precisamente por eso. Resulta más sensato hablar de lo que uno sabe.

Y al contrario:

– Usted critica esta medida porque no le afecta.
– Precisamente por eso. Al no estar implicado, mi visión es menos partidista y más objetiva.

El buen polemista, en definitiva, sabe de qué manera dirigir los argumentos del contrario hacia el terreno que le interesa.

7. El buen polemista (quizá el muy bueno) vence con sus propias armas pero, sobre todo y fundamentalmente, con las del oponente.

Esto ya supone alcanzar el máximo grado en los honores de quien domina la retórica. Se consigue utilizando con habilidad las preguntas y consiguiendo pequeños consensos en premisas aparentemente inofensivas que, al final, reducen la postura del contrario al absurdo. Esto se realiza poco a poco para no despertar sospechas. Con un tono amable, casi inocente, ingenuo, para dar, finalmente, el jaque mate a la partida. Confieso al lector que, a medida que esto se realiza, y el polemista ve que va dando resultado es prácticamente imposible disimular la cara de felicidad que se le queda a quien ejecuta la artimaña. Imaginemos que alguien pretende criticar que usted prefiera que gane cualquier partido menos el PP. Podría hacer lo siguiente:

> *¿Le parece bien que España sea uno de los países más desiguales de la Unión Europea?*
> *¿Le parece bien que la UNESCO haya alertado sobre el preocupante índice de pobreza infantil?*
> *¿Se alegra por los miles de jóvenes que han tenido que irse de España para buscar trabajo?*
> *¿Le parece que además de ayudar a los bancos también es importante echar una mano a las personas?*

Y después de que haya ido forzando las respuestas (y evitando que no quiera responder y pretenda eludir la cuestión) podría finalizar de esta manera:

> *Si estamos de acuerdo, ¿entonces por qué me critica si pensamos igual?*

8. El buen polemista maneja a la perfección las falacias y se esfuerza por impedir que las utilice la otra parte. Y si lo consigue, las evidencia y ridiculiza para que la audiencia decida.

Hemos visto que una falacia constituye una debilidad en el argumento. El buen polemista hace uso de este recurso con absoluta naturalidad pero, sin embargo, impide por todos los medios que la otra parte lo haga. Y si lo hace, deja patente que se trata de una debilidad argumental y que, por tanto, su razonamiento carece de validez.

> *– ¿Cómo va a explicar al pueblo iraquí que Occidente se desentiende de su problema?*
> *– No es preciso dar ninguna explicación a quien no ha planteado ninguna pregunta. En todo caso, ¿pretende usted decirle a las familias iraquíes que sus hijos muertos serán mártires por la libertad? ¿Acaso les ha preguntado si quieren cambiar su situación por la vida de los suyos? ¿Quién es usted para decidir sobre el futuro de un pueblo sin su consentimiento?*

La guerra de Irak ha dejado para la historia, además de atrocidades injustificables, innumerables ejemplos para la antología de la falacia en la política. Quizá una de las falacias más utilizadas fue la elaborada por el gobierno de Estados Unidos en relación a la archiconocida resolución 1441 de Naciones Unidas (claro ejemplo de cómo un argumento de autoridad puede dejar de serlo en cuestión de días). Aunque no se transcribe el argumento de forma literal, las premisas eran las siguientes:

El Gobierno iraquí no deja entrar en su país a los inspectores de Naciones Unidas, lo que demuestra que tiene armas de destrucción masiva.

Cuando finalmente, el Gobierno iraquí da el permiso para que se inspeccione las instalaciones en las que supuestamente se ocultaban las armas el argumento era el siguiente: Ahora el Gobierno iraquí deja entrar a los inspectores, pero como no encuentran las armas, eso demuestra que las tiene pero que las ha escondido.

Finalmente, parece que encuentran un arsenal de armas que podrían ser de destrucción masiva (pero que no lo eran). Esto demuestra que el Gobierno iraquí tenía armas, tal y como habíamos asegurado (el gobierno de Estados Unidos).

Impagable. A partir de esta falacia, se provocó una guerra.

9. El buen polemista adapta su intervención al medio en el que se produce el debate.

Esto es fundamental. El buen polemista no debate igual en todos los contextos. Sabe que si interviene en un medio de comunicación, la frase rápida, con aspecto de ser una sentencia redonda y concluyente es fundamental. A veces, el ritmo que impone el propio programa es incompatible con la reflexión. Por eso el aspecto, la imagen, la primera sensación que causa la frase, la sentencia es tan importante como el contenido; a veces, incluso más. Pruebe a tomar como ejemplo algunas de las frases que se escuchan en las tertulias radiofónicas de la mañana o de la tarde y analícelas. Se sorprenderá de que muchas de ellas le han llamado la atención, ha llegado incluso a pensar que eran acertadas y a valorar positivamente la rapidez dialéctica de quien las ha expresado. Sin embargo, no pocas de ellas son puro artificio, no dicen nada, son golpes de efecto, pero que dan mucho juego en los estudios de radio y en los platós de televisión. Por ejemplo, si una de las partes que debate pregunta a la otra cuáles son las propuestas de su partido si gana las elecciones y responde:

España necesita volver a soñar, necesita recuperar la fe en sí misma. Hemos demostrado que somos una gran nación en los momentos más difíciles. Hay que tener esperanza y recuperar la sonrisa.

¿Qué le parece? Pues no es tan ficticio como se pudiera imaginar.

10. El buen polemista sabe cómo ganar tiempo.

Como ya se ha indicado, quien domina la retórica prefiere preguntar a responder. Pero en el caso de que se viera conminado a hacerlo, se trataría lógicamente de una respuesta que le fuera favorable y que pudiera utilizar con posterioridad para respaldar sus argumentos o invalidar los del contrario. Para preparar esa estrategia, sobre la marcha, el buen polemista sabe cómo ganar tiempo para elaborar la respuesta. En ese momento tiene dos opciones: o bien finge que no entiende lo que la otra parte le está preguntando y le solicita amablemente que le vuelva a repetir la pregunta (tiempo durante el cual está pensando la respuesta, porque en realidad sí ha entendido lo que el oponente quería preguntarle); o bien plantea abiertamente que no sabe si el contrario se refiere en su pregunta al asunto A o al asunto B. De esta forma, aunque el buen polemista sabe que se refiere al asunto A, él contesta como si la otra parte estuviera interesada en el asunto B – tiempo durante el cual estará pensando la respuesta relacionada con A –. Así, una vez que finalice la intervención y el oponente le diga que no le estaba preguntando por B sino por A, el buen polemista se disculpará y contestará aquello sobre lo que ha estado pensando mientras respondía B.

11. El buen polemista, antes de debatir, prepara un buen argumentario pero sobre todo una batería de ejem-

plos y contraargumentos, siempre ingeniosos o más o menos estúpidos, para arrojar al contrario.

Se trata sin duda de una de las características que distingue al buen polemista del que no lo es. Porque si la rapidez dialéctica es uno de los atributos fundamentales de quien domina el arte del debate, y también de la discusión, no todas las frases ingeniosas surgen sobre la marcha, de repente, resultado de un proceso de inspiración permanente. Además, hay veces en que el buen polemista, como todo el mundo, no tiene el día propicio para el debate o no está ingenioso. Tanto para estos casos menos favorables como para las situaciones más comunes, es necesario preparar una lista de ejemplos y contraejemplos que no sólo le permitan salir del paso sino que además puedan ser presentados como evidencias o demostraciones de lo que pretende mantener. A menudo se trata de ejemplos y contraejemplos que pretenden un carácter definitorio, pero solo en apariencia porque, bien analizados, resultan de todo punto demagógicos o falaces. Pero para que no sean vistos de esa manera es preciso que estén acompañados de una buena puesta en escena.

He añadido un punto más, que no se encontraba en el texto referido.

12. El buen polemista tiene sentido del humor y sabe utilizarlo.

Estoy convencido de que el sentido del humor es pro-
porcional a la inteligencia. Tener sentido del humor no
es lo mismo que ser gracioso. Conozco personas que son
graciosas y estúpidas. Pero no conozco a nadie que tenga
sentido del humor y sea imbécil. Gorgias, según cita
Aristóteles en *Retórica*, aconsejaba "echar a perder la seriedad de los adversarios por medio de la risa y su risa
por medio de la seriedad" (Libro 3, capítulo 18). Y la fórmula funciona con una contundencia demoledora.

El humor, oportuno, procedente y bien empleado, reduce la tensión dialéctica, genera simpatía con la audiencia (el jurado). Tener sentido del humor no es saber
contar chistes. Tiene más que ver con el ingenio, con la
agudeza y, desde luego, con la rapidez dialéctica. Una afirmación realizada con sentido del humor puede ser un argumento mucho más demoledor que una retahíla de
evidencias. A menudo, el humor consigue ridiculizar la
proposición contraria pero sin hacer demasiada sangre,
sin provocar el enfrentamiento violento ni tensar excesivamente la relación.

Pero, ¿qué me estás contando? Exactamente lo que ha
leído. Que el ejercicio del pensamiento crítico, de la capacidad para analizar las cosas, para que no se la cuelen
(la falacia), le puede reportar impagables momentos de
satisfacción; que quizá ya no escuche a los políticos ni a
los tertulianos o los colaboradores de programas de análisis político de la misma manera que lo hacía antes; que

igual se vuelve más exigente a la hora de que alguien le argumente alguna cosa; que cuando le digan que todas las opiniones son respetables podrá responder "Sí, claro"; que igual alguna persona por la que sentía cierta admiración intelectual ahora le dé una pereza terrible; que una cosa es argumentar y otra convencer; que una cosa es lo que parece y otra lo que es, y que probablemente esas cosas suelen ser más complejas que como algunos quieren que se vean. Pero ¿qué me estás contando? Pues eso.

GLOSARIO

Analogía figurativa. Compara dos situaciones distintas pero que guardan cierta semejanza.

Analogía histórica. Compara dos periodos históricos

Analogía literal. Comparación de dos cosas de la misma categoría.

Apelación a la falsa autoridad. Recurrir a una autoridad que nada tiene que ver con la proposición que se pretende respaldar.

Apelación al sentido común. Invoca lo que supuestamente es lógico pero sin necesidad de demostrar.

Argumentación. Proceso que, por medio del razonamiento, permite evaluar y responder proposiciones.

Argumento. Es la suma de las evidencias y la proposición, o de las premisas y la conclusión. No es, por tanto, sinónimo de evidencia (o premisa)

Argumentum ad baculum. (Falacia). Apelación a la fuerza, al miedo. Una amenaza en toda regla.

Argumentum ad hominem. (Falacia). Contra la persona o contra sus intereses para desacreditar. Desvía el tema que está en liza.

Argumentum ad ingorantiam. (Falacia). Implica asumir que algo es verdadero porque no se ha probado que sea falso o que algo es falso porque no se ha probado que es verdadero. Falacia que suele ir próxima a otra: la inversión de la carga de la prueba.

Argumentum ad misericordiam. (Falacia). Busca dar pena. Apelación a la piedad, a la misericordia

Argumentum ad populum. (Falacia). Lo que dice el pueblo o la mayoría es cierto, bueno...

Argumentum ad verecundiam. (Falacia). Utilización del respeto o la veneración a una autoridad como única evidencia para respaldar la conclusión. Distinto al argumento de autoridad.

Argumento ad antiquitatem. (Falacia). Apela a la tradición, a la costumbre para justificar una proposición.

Argumento ad ignorantiam. (Falacia). Asumir que algo es cierto porque no se probado que es falso; o que algo es falso porque no se ha probado que es cierto.

Argumento ad novitatem. (Falacia). Lo nuevo es mejor que lo viejo.

Argumento causal. Establece la relación causa/efecto entre dos hechos.

Argumento condicional. Establece la condición o condiciones que se deben dar para que se produzca un efecto.

Argumento de analogía. Compara dos situaciones o circunstancias que pertenecen a una misma categoría.

Argumento de autoridad. Evidencia autorizada por su conocimiento, solvencia, reconocimiento e independencia.

Evidencia. Pruebas que respaldan una proposición (premisas)

Evidencia circunstancial. Aquella que no está directamente relacionada con la proposición.

Cambio de tornas. Método de refutación en el que se utilizan las mismas evidencias de la otra parte para llegar a la conclusión contraria.

Carga de la prueba. Responsabilidad de aportar evidencias por parte de quien afirma.

Condición necesaria. Lo esencial para que algo ocurra. En un argumento condicional, el consecuente es siempre condición necesaria del antecedente.

Condición suficiente. Es la circunstancia que garantiza un resultado. En un argumento condicional, el antecedente es siempre una condición suficiente del consecuente.

Cum hoc ergo propter hoc. (Falacia). Asumir que existe una relación causal entre dos hechos porque se produzcan juntos. Correlación no implica causalidad.

Disfemismo. Denominación con intención peyorativa o que pretende reducir la categoría.

Elusión de la cuestión. (Falacia). Se evita el tema.

Elusión de la carga de la prueba. (Falacia). No se aportan evidencias para sostener la proposición.

Eufemismo. Forma suave de referirse a algo en lugar de utilizar otra más dura o contundente.

Falacia: debilidad en el argumento que impide que las evidencias respalden la conclusión.

Falacia ad misericordiam. Apelación a la piedad.

Falacia ad naturam. Establece que está bien aquello que encuentra correlación con la naturaleza, que se sitúa como paradigma de lo correcto.

Falacia casuística. Generalización a partir de excepciones.

Falacia de la afirmación del consecuente. En argumentos condicionales, consiste en afirmar el consecuente y pretender que también se afirma el antecedente.

Falacia de la celebridad. Una forma de falsa autoridad que, en este caso, refiere a un personaje conocido. (Habitual en la propaganda electoral).

Falacia de la composición. Asumir que lo que es cierto para una parte también lo es para el todo.

Falacia de la conclusión exagerada. Llegar a conclusiones que van más allá de lo que demuestran las evidencias.

Falacia de la cuesta resbaladiza. Sugiere que una acción no deseada llevará a otra, y ésta a otra y así hasta provocar hipotéticas y terribles consecuencias.

Falacia de la división. Asumir que lo que es cierto para el todo también lo es para cada una de sus partes.

Falacia de la generalización precipitada. Generalizar a partir de casos insuficientes.

Falacia de la historia. Asumir, a partir del conocimiento que se tiene hoy, que si se hubieran adoptado otras decisiones en el pasado habrían tenido otras consecuencias.

Falacia de la falsa analogía. Comparación de dos circunstancias que no pertenecen a la misma categoría. Por tanto, no son comparables.

Falacia de la negación del antecedente. En argumentos condicionales, consiste en negar el antecedente y pretender que se niega también el consecuente. Considera una condición suficiente (el antecedente) como si fuera una condición necesaria.

Falacia de la solución perfecta. Asumir que existe una solución perfecta a un problema determinado y, como la propuesta que se mantiene no consigue resolverlo por completo debe ser rechazada.

Falacia del hombre de paja. Distorsionar la posición de la otra parte para que la refutación sea más fácil.

Falacia del pensamiento ilusorio (wishful thinking). Confundir los deseos con la realidad.

Falacia genética. Cuestiona un argumento teniendo en cuenta el origen de las cosas, cómo eran.

Falsa disyuntiva. (Falacia). Plantea opciones que no son incompatibles.

Falso dilema. (Falacia). Proponer que existen dos opciones, cuando en realidad hay más.

Generalización precipitada. (Falacia). Generalizar demasiado rápido a partir de casos que son insuficientes.

Hipérbole. Una exageración.

Metáfora. Una comparación en sentido figurado.

Muñeco de paja. (Falacia). Distorsionar un argumento para después refutarlo.

Non sequitur. (Falacia). Una cosa no se sigue de la otra.

Pensamiento crítico. Es la decisión razonada sobre si se debe aceptar o rechazar una proposición (conclusión).

Petición de principio. (Falacia). Probar una proposición parafraseando una premisa o, simplemente, repitiéndola.

Pista falsa. (Falacia). Incorporación de un nuevo argumento, relacionado con el tema en liza, para despistar

Post hoc ergo propter hoc. Falacia en el razonamiento causal que supone que si una cosa ocurre después de otra entonces esta última debe ser la causa.

Premisa. Razones, pruebas o evidencias que respaldan una proposición.

Proposición. Conclusión que se demuestra.

Razonamiento analógico. El que compara dos hechos, circunstancias...

Razonamiento causal. Establece una relación entre dos cosas, hechos, circunstancias...

Razonamiento deductivo. El que va de lo general a lo particular.

Razonamiento inductivo. El que va de lo particular a lo general.

Reducción al absurdo. Llevar al extremo la propuesta de la otra parte

Refutación. Acción de debilitar o anular el argumento de la otra parte.

Sofisma patético. (Falacia). Apelación a las emociones no a las razones.

Tu quoque. (Falacia). Una forma de falacia ad hominem. Tú también o tú más.

BIBLIOGRAFÍA

A continuación se refieren algunos textos muy útiles que, si bien no se centran en el discurso de los políticos o sobre política, sirven para conocer más y, en algunos casos, con más detalle todas las cuestiones relacionadas con el pensamiento crítico.

Aristóteles, *Retórica*, Alianza, Madrid, 2000
Bowell, T. y Kemp, Gary, *Critical thinking*, Routledge, London, 2010
Breton, Philippe, *La argumentación en la comunicación*, UOC, Barcelona, 2014
Burger, Edward B. y Starbird, M. *The 5 elements of effective thinking*, Princeton University Press, Woodstock, 2012
Carey, Sthephen S., *The uses and abuses of argument*, Mayfield, California, 1997

Cattani, Adelino, *Los usos de la retórica*, Alianza, Madrid, 2003

Freeley, Austin J. y Steinberg, David L., *Argumentation and Debate*, Wadsworth, California, 1999

García Damborenea, Ricardo *Uso de razón*. Diccionario de falacias, Biblioteca Nueva. Madrid, 2000

Herrero, Julio César, *Una forma de hablar*. Fundación Pablo Iglesias, Madrid, 2004

Herrero, Julio César y Rodríguez Chuliá, Amalio, *El Candidato. Manual de relaciones con los medios*. Comunicación Social, Sevilla, 2008

Herrero, Julio César (ed), *Comunicación en Campaña*, Pearson, Madrid, 2014

Herrero Julio César y Benoit William, 1.   'Análisis funcional de los debates en las elecciones generales de 2008', Revista ZER, Noviembre 2009, pp. 61–81

Hunter, David A., *A practical guide to critical thinking*, Wiley, Canadá, 2014

Kahane, Howard, *Logic and comtemporary rhetoric*, Wadsworth, California, 1995

Koch, Arthur, *Speaking with a purpose*. Allyn and Bacon, Massachusets, 1998

Lapakko, David. *Argumentation: Critical thinking in action*, iUniverse, New York Bloomington, 2009

Lehrman, Robert, *The Political Speechwriter's Companion: A Guide for Writers and Speakers*, CQ Press, Washington, 2009

Lucas, Stephen E., *The art of public speaking*, McGraw Hill, New York, 2004

Noel Moore, Brooke y Parker, Richard, *Critical thinking*, McGraw–Hill, Nueva York, 2015

Nosich, Gerald M., *Learning to think things through*, Pearson, Boston, 2012

Perelman, Ch. Y Olbrechts–Tyteca, L, *Tratado de la argumentación*, Gredos, Madrid, 1994

Perlman, Alan M, *Writing great speeches*. Allyn and Bacon, Needham Heights (MA), 1998

Pirie, Madsen, *How to win every argument*, Bloomsbury, Nueva York, 2008

Rieke, Richard D. y Sillars, Malcolm O., *Argumentation and decision making process*, Scott, Foresman and Company, Illinois, 1984

Schopenhauer, Arthur, *El arte de tener razón expuesto en 38 estratagemas,* Alianza, Madrid, 2004

Swatridge, Colin, *Oxford guide to effective argument and critical thinking*, Oxford University Press, Oxford, 2014

Tittle, Peg, *Critical Thinking,* Routleddge, Nueva York, 2011

Toulmin, Stephen, *The uses of argument*, Cambridge University Press, Cambrdge, 1958

Verderber, Rudolph, *Comunicación oral efectiva*, International Thomson Editores, Madrid, 2000

Waller, Bruce N. *Critical thinking. Consider the verdict,* Pearson, New York, 2012

Weston, A., *Las claves de la argumentación*, Ariel, Madrid, 2009

Ziegelmueller, George W. y Dause, Charles A., *Argumentation inquiry and advocacy*, Prentice–Hall, New Jersey, 1975

Pero ¿qué me estás contando? [Tertulianos, políticos y pensamiento crítico]